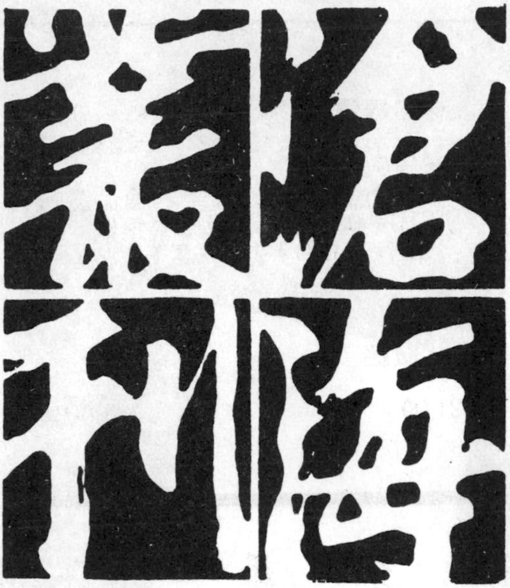

修多羅頌歌

陳慧劍 譯註
東大圖書公司印行

國立中央圖書館出版品預行編目資料

修多羅頌歌／陳慧劍譯註.--初版.
--臺北市：東大發行：三民總經銷
，民82
面；　　公分.--（滄海叢刊）
ISBN 957-19-1396-0（精裝）
ISBN 957-19-1397-9（平裝）

1 藏經

221.09　　　　82000441

譯註者　陳慧劍
發行人　劉仲文
著作財產權人　東大圖書股份有限公司
總經銷　三民書局股份有限公司
印刷所　東大圖書股份有限公司
地址／臺北市重慶南路一段六十一號二樓
郵撥／〇一〇七一七五——〇號
初　版　中華民國八十二年三月
編　號　E 22025
基本定價　肆　元
行政院新聞局登記證局版臺業字第〇一九七號

ISBN 957-19-1397-9（平裝）

南無本師釋迦牟尼佛

序

佛義精深，鑚之彌深；佛典浩瀚，廣如煙海。一個初入佛門的人，如欲窺其究竟，沒有十年歲月，勢難理解融會。

佛門每一種經典，尤其是《了義經》，極其重要。學佛人如立志通達諸典，除應具有中國古典文字素養，且要對佛家名相、高深思想有一定的水平，才能入室登堂。

學佛是一項偉大而漫長的工程，佛學是一種艱深而細密的知識；能結合這兩方面，必須具有强烈堅毅的信心與深宏悲憫的誓願，方不致空入寶山，辜負今生！

我們為了簡化經典的複雜多重玄義，同時也感受社會的需要，特地從衆多的經籍偈頌與古賢對佛法深度理解之後、從性靈裏湧現的悟道、體道的詩作裏，嚴篩細檢，經過一段潛沉的浸泳，選出一七八組代表性的作品，加以編定次第，再〈1.註明出處，2.解釋名相，3.譯為今文，4.闡明旨要〉，提供給廣大社會的有緣之侶，藉以經由精選的「法句」來了解經文的大義，使它濃縮為佛家思想的磁石。讓我們在最具可讀性的作品裏，涵泳法味。本書諸偈來自藏海中多種經論，或許難盡周延，但已盡我一切棉力，遍數法語，如有所遺佚，則有待來日再加以補增之。請有緣首睹此書的法侶，不管你是專心修道，還是著眼研究佛典，這都能助你激發道心，增長智慧；如若你能爛熟於心，更將會為你帶來無窮的法喜、無量的法益！

現在請你開卷，一聆〈修多羅頌歌〉。

陳慧劍

一九九二年十二月一日

【〇〇一】

諸行❶無常，是生滅法❷；
生滅滅已，寂滅❸為樂。

〔一〕原典

《大般涅槃經》卷14〈聖行品〉第7之4。又見《佛說彌勒大成佛經》等典籍，不錄。

〔二〕注釋

❶諸行：「行」，指世間「變動的」、「造作的」一切現象，泛指「精神、物質」兩界的活動。

❷法：梵語「達摩」(dharma)，指宇宙間一切「有形、無形」、「眞相、假相」、「物理的、概念的」單位。

❸寂滅：是「涅槃」(nirvaṇa)的義譯，是佛道修學過程中的終極境界。

〔三〕今譯

世間一切現象〔包括心理活動〕都不是永恒的、常在的；這種現象是永遠處於「生生滅滅」、此生彼滅的流動狀態；當這種「生滅不停」的現象靜止以後，才是清淨的、靈明的、寂然不動的超脫、祥和、美妙的樂境。

〔四〕釋義

本偈從初期佛教《四阿含》到大乘佛典，引出甚多。它底重要性，在於以極簡短的偈句，表達了佛家三項基本要義——三法印。三法印，是：

諸行無常，

諸法無我，

寂靜涅槃。

本偈除第一句與「三法印」首句相同之外，第二句「是生滅法」，卽含蘊了「諸法無我」，「我」本是假名，亦「生滅法」。三四兩句，就是「寂靜涅槃」——佛道的最高理境。

有無二行❶中，吾今捨有為；
內專三昧❷定，如鳥出於卵。

〔一〕原典

《長阿含經》卷3〈遊行經〉第2（中）。〔凡《四阿含經》皆引佛光出版社《阿含藏》所收「點註本」。〕

〔二〕注釋

❶**二行**：是指兩種行業，即「有爲、無爲」兩項。有爲是世間法，無爲是出世間法。有爲是「惑業」，無爲是「清淨道」。另又有兩種「二行」，一種是涅槃經（15）所述的「見行、愛行」，一種是淨土法門的「正行、雜行」。

❷**三昧**：梵語三摩地（samādhi）的簡譯，又作三昧地。義爲「正定、專心一境、精神集中」。

「三昧」與「定」爲同義結合詞。均指「定」。

〔三〕今譯

在世間生活與出世間修道生活中，我今寧願放棄追逐名利溫飽的世俗生活；

在精神上努力專心於修行「三昧」，直到像一隻鶵鳥破殼而出——見到無以言說的清淨世界。

〔四〕釋義

這一偈的主旨在說修「三昧」的重要，不修三昧，便不能上成佛道。要上成佛道，就不能留戀世俗生活與財富名位的追逐。一個人有朝發下大願，去專心修「三昧」，才有「如鳥出殼」一般的悟道經驗出現。

【〇〇三】

施一切衆生，不如法❶施人；
雖施衆生福，一人法施勝。

〔一〕原典

《增一阿含》卷4〈一子品〉第9・64節。

〔二〕注釋

(1)法：指「佛法」、佛教的道理。

〔三〕今　譯

以物質、貧財布施一切貧困的衆生，不如以佛法去讓那個人了解、接受。以財富布施給許多貧困之人雖有很大福報，但沒有以佛法布施給一個人更有意義。

〔四〕釋　義

這一偈語的主旨，在說明「法施」的深遠意義。以佛法傳播給他人，可以使這個人了解生命的眞義，增加他對宇宙深義領悟，這比以錢財去協助貧困的人，其份量是重得多了。錢財只能濟一時之急，佛法卻能拯救一個沉淪苦海的生命。

【〇〇四】

為家忘一人，為村忘一家，
為國忘一村，為身忘世間。

〔一〕原典

《增一阿含》卷31〈力品〉第3・18之1・338節。

〔二〕今譯

一位學佛人要懷著這樣一顆心：爲了一個家要忘掉一己的利益，爲了一個村落要犧牲一家的利益，爲了一個國家，要犧牲一村的利益，爲了自身的出離苦海，要放棄世間一切名聞利養……。

〔三〕釋義

這個偈語前三句表達了個人及團體，應該「迴小向大」，爲國家應該犧牲一己，但這三句僅是在小我與大我之間的選擇提出象徵；重點在最後一句，才是文意所指之處。卽：爲了出離苦海，化穢爲淨，要實踐佛道，犧牲世俗的一切。這是原始佛教思想；到大乘佛教時代，這種思想已發生極大的改變。

【〇〇五】

恩愛無明❶本，與諸苦惱患；
彼滅而無餘，便無復有苦。

〔一〕原　典

《增一阿含》卷35〈莫畏品〉41．366節。

〔二〕注　釋

❶無明：梵語音譯作「阿尾儞也」(avidya)，是「痴」的別名，意思是「對一切事理不能透徹明瞭、心地闇鈍」，所以稱爲「無明」。這「無明」，是「無始以來」累積的污染的「靈氣」！它可以下墜，也可以上升；它會牽引你的識神跟著它走。它是「煩惱結習」的污染源。

〔三〕今　譯

兩性間經由〔淫欲〕產生的恩愛，是沉淪苦海的根本，恩愛能透發數不盡的苦痛、煩惱與災患；如果能將那〔無明〕消融而不餘一點渣滓，便不再有數不盡的苦惱陷你於絕境。

〔四〕釋　義

這首偈句的重點在——第一句「恩愛、無明本」。「恩愛」，是「貪、嗔、痴」的引信，是「無明煩惱」的製造者。它使一個個衆生陷於「迷失自己」「痴愚固執」的輪迴生死困境。第二句，是由「恩愛」而凝聚成「無明」，所衍生的惡果。這第三句說明要想消除「無明」衍生的煩惱，就必須透過「滅」（修道），直到「諸漏」已盡（而無餘）了。第四句，呈現的便是苦已消融，佛道已證的涅槃境了。

這首偈子，已隱含著「苦、集、滅、道」四項眞諦。

【〇〇六】

一切行無常，生者必有盡；
不生則不死，此滅最為樂。

〔一〕原典

《增一阿含》卷50〈大愛道般涅槃品〉第52‧464節。

〔二〕今譯

這首偈語，是「諸行無常，是生滅法，生滅滅已，寂滅爲樂」一偈的同義、異文的頌詞。譯文如下：

世間一切變動的、造作的現象是非永恒的、無定性的；萬物有生就會有死，有開始就會有盡頭；惟有不生，才能不死；要不生不死，就必須透過修道，證到涅槃的安樂之境。

〔三〕釋義

本偈同樣表達了「三法印」的思想，不過諸經文字稍有出入。第一句表「諸行無常」，第二句表「諸法無我」——有生必有死，因爲生死是流轉現象，既有流轉現象，便沒有「我」的主體存在；第三句說明要排除上兩句之「無常、無我」，必須證到「無生道」(不生不死)，第四句的「寂滅爲樂」便可以證到了。

【〇七】

常逼迫衆生，受生極短壽；
當勤修精進，猶如救頭燃。

〔一〕原典

《雜阿含經》卷39〈1073經〉。

〔二〕今譯

衆苦交煎逼迫衆生難安枕，人生苦短、壽命如泡難憑信；爲出苦海唯有努力修佛道，分秒必爭、如同撲滅頭髮遭火焚。

〔三〕釋義

這首偈子的主旨，告訴人們世間諸苦交迫，生命無常，死亡的腳步隨時可到；爲了出離這種毫無安全、憑藉的世間，只有勤修佛道、努力精進、分秒必爭，猶如頭頂毛髮著火一樣，不容片刻懈怠……。

【〇〇八】

壽命日夜流，無有窮盡時；
壽命當來去❶，猶如車輪轉。

〔一〕原典

《雜阿含經》卷39〈1073經〉。

〔二〕注釋

❶當來去：當來去的當，是「當下」，就是「現在」。來，是「未來」，去，是「過去」。合譯就是「現在、未來、過去」。

〔三〕今譯

衆生的壽命如江水一般不分晝夜地流逝，生死流轉沒有源頭也沒有盡頭，生命從過去、現在到未來，猶如車輪永遠地轉個不停。

〔四〕釋義

本偈四句語義幾乎只表達了一種概念：那便是「生命」之流無止境地猶如車輪轉動，沒有休息。生命從「無始來」，到「無終去」；除非成佛證果，才會跳出生死之漩流、苦海。

【〇〇九】

善護於身口，及意一切業；
慚愧而自防，是為善保護。

〔一〕原典

《雜阿含經》卷41〈1116經〉。

〔二〕今譯

一個學佛人——要小心謹慎地防護自己的「身業、語業」，還有「意業」；爲了「爲善去惡」修無上道，對自己未能防範的過失，要加以反省、懺悔、慚愧，而加意地防範，這樣才可稱之爲「周到地保護自己，爲善去惡」之道了。

〔三〕釋義

這一偈是經中指導衆生，要小心防範身、口、心三種過失，不要犯禁破戒；如果大意疏失偶然犯了，更要慚愧、懺悔，這樣才可稱之爲學佛人，才可說是一位善於「持戒、護持身心」清淨的學佛人。

【〇一〇】

人自當繫念，每食知節量；
是則受諸薄，安消而保壽。

〔一〕原典

《雜阿含經》卷42〈1133經〉。

〔二〕今譯

一個能知自愛的人要時時反省、檢討，每餐吃飯時要知道節制自己的食量；飯吃得不過量甚至每餐少吃一些，這樣便能順利地消化，而且能獲得延年益壽的保障。

〔三〕釋義

本偈通常對修學佛道的出家人而言。吃飯不可過量，每餐八分飽，減少胃腸的超額負擔，使生理上消化尚有餘力，使吸收力能充分發揮，這樣才能不因飲食錯誤而可以增延自己的壽命。

【〇一一】

於不可量❶處，發心欲籌量；

不可量而量，是陰蓋❷凡夫。

〔一〕原典

《雜阿含經》卷44〈1177經〉。

〔二〕注釋

❶量：音ㄌㄧㄤˋ，初義是「斗斛」（容器），引申爲「限度、範疇、標準」。在本偈中，作「限度」解。

❷陰蓋：指「五蓋」，能使人善良心理受到蓋覆的五項錯失。這五項便是「貪欲、嗔恨、睡眠、悼悔、多疑」。

〔三〕今譯

一個學佛人，當他沒有能力做他無法達到某一件事的限度之時，他仍然下決心要勉強做到那一件事；在他的潛力根本無法完成那一限度而要勉強去完成時，這個人，無疑地是一個被「貪欲」等等根性執著，所支配的下劣凡夫！

〔四〕釋義

本偈主旨在提醒世人不管做任何事，不能超越自己的能力，不能貪求過分的利益，不能做自己非分之事；如果做自己限度以外的事，顯然是犯了佛家所謂受「五蓋」所纏覆的下劣凡夫了。

【〇一二】

一切行無常，斯皆生滅法；
雖生尋以滅，斯寂滅為樂❶。

〔一〕原典

《雜阿含經》卷44〈1181經〉。

〔二〕注釋

❶本偈《大涅槃經》、《彌勒大成佛經》等，作「諸行無常，是生滅法，生滅滅已，寂滅爲樂。」只有第三句稍異。

〔三〕今譯

萬事萬物無法常存在，這些全在變動生滅中，事物雖有新生不久又消滅，唯有修道證得是眞樂。

〔四〕釋義

本偈與第〔〇〇一〕偈同爲表達「三法印」的要義，只是文字簡繁的差異。

【〇一三】

外纏結❶非纏，內纏❷纏衆生；今問於瞿曇❸，誰於纏纏纏。

〔一〕原典

《雜阿含經》卷47〈1259經〉。

〔二〕注釋

❶外纏結：「纏、結」，同義結合詞，均爲「煩惱」的異名。外纏，則指由「眼耳鼻舌身

意」對身心所刺激後而反應的「色、聲、香、味、觸、法」的六纏情況，也稱「六塵」。前五項是外境的反應，稱爲「外塵」（外纏），最後一項〔法〕，是意識所緣的心理活動，爲「內塵」（內纏）。

❷**內纏**：指一切心理上的種種妄念、苦惱。

❸**瞿曇**：梵語 Gautama 的音譯，是釋迦族的姓。在這裏爲佛陀的代稱。

〔三〕今譯

經由「眼、耳、鼻、舌、身」的刺激引起的外來煩惱，不是永久的煩惱；眞正的煩惱，經由內心的「無明、痴愚、貪欲、嗔…」等等糾纏，才會使衆生沉淪、束縛；現在〔我〕請問佛世尊——是誰在汚濁世間（纏）製造（纏）無盡的煩惱（纏）啊？

〔四〕釋義

本偈透過外來的與內在的煩惱，來說明衆生界不得出離苦海的原因，因此，在假設的前提下，請問佛陀：是誰在作繭自纏？對外界刺激（外纏）動心，對內心妄念不捨，再自找煩惱呢？本偈暗示衆生，對煩惱可以靜觀，不可以黏著，不管是內心的問題還是外界的現象，都不要死死地抓著它。而要當下放開它！

【〇一四】

〔一〕原典

愛❶下則隨下，愛擧則隨擧；
愛戲於愚夫，如童塊相擲。

《雜阿含經》卷47〈1278經〉。

〔二〕注釋

❶愛：指「愛欲」，男女之情、生死根本。

〔三〕今譯

「愛」就如同一場球類遊戲——你向下面丟擲，玩的人就向下面跑；當你將它向上面丟，對手就會跳起來向上面搶；愛情的遊戲對一個凡夫俗子——就好像孩子們以石頭互相攻擊的陣仗一樣，好好壞壞，眞眞假假。

〔四〕釋　義

本偈是一種對「愛欲」的譬喻，並且說明它底非眞理性、不確定性；在一場小孩打仗遊戲當中，可眞可假，可和可戰，可泣可歌，可合可分。這就是世人「愛」的形下學。

【〇一五】

心如工畫師，能畫諸世間；
五蘊❶悉從生，無法而不造。

〔一〕原　典

《八十華嚴經》卷19〈昇夜摩天宮品〉19〈覺林菩薩偈〉。

〔二〕注　釋

❶五蘊：又稱「五陰」，指「色」（特質現象）、「受」（人心對外境的領受）、「想」（衆生心的運作）、「行」（衆生身心一切的造作）、「識」（對外境、內心產生的認識、思維作用的本體）。色，是身境，受想行識是心境。

〔三〕今譯

「心」如同一位畫家，能描繪世間一切現象；身心一切活動都從它（心）而產生，宇宙萬有、無一種事物、它不能締造。

〔四〕釋義

《華嚴經》這一偈極爲人所熟知，它也提綱性地說明「萬法唯心」的理念。「心」與「五蘊」相結合，便發生了世間種種的物象與精神現象。

【○二六】

若人造重罪，作已深自責；
懺悔❶更不造，能拔根本業。

〔一〕原　典

《雜阿含・佛為首迦長者說業報差別經》

〔二〕注　釋

❶懺悔：懺、梵語「懺摩」（kṣamayati）的略稱，意思是「悔過」；「懺悔」一詞，是華梵結合同義詞，就是「表明對自己過去的惡行，要加以改悔、決定重新做人」。

〔三〕今　譯

如果有人造重罪，做後自己深懊惱；設使懺悔不再造，便能拔除罪之源。

〔四〕釋　義

這一偈語的要旨，是告誡世間作「重惡」的人，如能痛切懺悔，罪業的根源仍舊能拔除。在淨土經典中，強調「帶業往生」、「念佛一聲，罪滅河沙」，都在這裏可以找到理念的根據。如果一個人造了重大的惡業，而不能懺悔，那就等於阻絕衆生「放下屠刀、立地成佛」之路了。世間衆生，造惡業難免，如作後能徹底懺悔，便是眞正的大丈夫了。

【〇一七】

若人欲了知，三世❶一切佛❷，
應觀法界❸性，一切唯心造。

〔一〕原　典

《八十華嚴經》卷19〈昇夜摩天宮品〉19〈覺林菩薩偈〉。

〔二〕注　釋

❶**三世**：指「過去、現在、未來」三世。
❷**佛**：是「佛陀耶」的簡譯。梵語作 Buddha，意思是「覺悟的聖者。自覺、覺人，覺行圓滿的聖者。」
❸**法界**：通指四聖（佛、菩薩、緣覺、聲聞）、「六凡」（天、人、阿修羅、畜生、餓鬼、地獄）——這十法界而言。梵語 pharmadhātu 個別義訓很多不另述。

〔三〕今譯

如果，某一個人要了解——過去、現在、未來一切佛如來「成佛」、「度衆生」、「安立自己佛淨土」的種種因緣，就要以極深的觀照（四果以上的悟契）來透視「大宇宙」無限世界的發生本源——其實，不管大宇宙「心物」兩界多麼複雜，它仍舊是這「心」鏡的呈現、製作。

〔四〕釋義

這一偈，同是強調「萬法唯心」之旨，不僅衆生世界，是衆生「心」所共同締造；佛世界也是那「清淨心」所造。清淨心造「聖界」，汚染心造「凡界」。心是「畜生」，便有畜生道呈現；心是菩薩，便有「菩薩地」可期。

【〇一八】

心佛及衆生，是三無差別；
諸佛悉了知，一切從心轉。❶

〔一〕原典

《六十華嚴經》卷10〈明法品〉14、〈如來林（覺林）菩薩頌〉。

〔二〕注釋

❶本偈梵文同《八十華嚴經》覺林菩薩偈。

〔三〕今譯

阿賴耶心（第八識）、佛位，和帶業的衆生，這三者在「本體」上是並無差異的；這一原理，一切佛如來都知道得很徹底——其中的關鍵：不管是心、是佛、是衆生，都是「心」底轉換。

〔四〕釋義

本偈要點，在強調「佛」也好，「衆生」也好，「無明種子」（第八識心）也好，都不過是「能移位」（上升、下墜）的「心識」的變易；當然，這必須經由「轉識成智」或「通過四果」才能上升，相反地不能覺悟，隨著業力走，只有永遠沉淪在「衆生世界」了。

【〇一九】

諸法無差別，無有能知者，
唯佛與佛知，智慧究竟故。

〔一〕原典

《八十華嚴經》卷19〈昇夜摩天宮品〉19〈精進林菩薩偈〉。

〔二〕今譯

一切現象的本質是沒有差異的，但是這種「萬法平等」的深義，卻沒有任何人能了解；這種深義，只有已超過四果以上的一切佛才能清楚，因爲只有佛的智慧對宇宙間物質精神活動之了解，才是最徹底、最無限的！

〔三〕釋義

本偈說明「法」與「法」之間的本質，是絕對沒有差異的，正猶如人的靈魂與一隻老鼠的靈魂是平等無二一樣；那麼一棵樹的原子與一塊石頭的原子，也都是原子！它底「原子價」或有不同，但它的屬性作爲一種物質的無數分之一的參與者，其情形都是一樣的。這種複雜得無以形容的奧義，當然不是現代一位最偉大的科學家所能參透，也只有佛的智慧才能如同觀看自己掌中的細紋一樣清楚。佛的通力是無限的！

【〇二〇】

如金與金色，其性無差別；
法非法亦然，體性無有異。

〔一〕原典

同上偈。

〔二〕今譯

現象與現象背後，人眼看不到的，叫做「本體」、「屬性」、「靈能」，那種東西，彷彿金（gold）與金的色澤一樣，但是，不管金的本身，還是金的顏色，它的屬性卻沒有兩樣。宇宙間一切物、一切象、一切心活動與「反物質、反精神」事物也是如此，它們的本體、屬性並沒有變異。

〔三〕釋義

本偈用「金」與「金」的顏色來譬喻「法」與「非法」之間，在現象上雖有不同，在本質上並無差異；在「眼、耳、鼻、舌、身、意」的感受上雖然不同，但在四果以上的聖者以他們的智慧體察，卻無有差別，「法法」平等的。

【〇二一】

世間差別相，皆空無有相，
入於無相處，諸相悉平等。

〔一〕原典

《八十華嚴經》卷44〈十忍品〉29〈普賢菩薩頌〉。

〔二〕今譯

世間現象，千差萬別，林林總總，是目不暇接的；但是這種千差萬別的背後，卻是空靈的，沒有現象可尋的。當你透過修道、悟道，證了四果以後，「相」就消失了，你便會驚奇地覺悟，一切現象原來是平等的、沒有差異的、物物相融的。

〔三〕釋義

本偈前兩句說明現象界有千差萬別，例如人與石頭不同，細胞與防腐劑有異，海水與象牙不相等；這是世間「差別相」，但是這些東西的背後，卻找不出一個實體的事物，倒是「空靈無相」的。凡夫俗子，眼睛看到、耳朵聽到、心裏揣摩到的景象，樣樣不同；只有證四果以上的聖者，在他們鏡面上所反映的，才是「一切卽一」的平等、不異。

【〇三】

若人散亂心，入於塔廟❶中；
一稱南無❷佛，皆以成佛道。

〔一〕原　典

《妙法蓮華經》〈方便品〉第2。

〔二〕注　釋

❶塔廟：是同義結合詞。塔就是廟，在印度原始佛教時代，根本沒有中國式寺院，塔是供聖者「舍利」的。附近蓋了房子，作爲道場，便成了「廟」。

❷南無：是梵語 namo 的音譯，又作「那謨」。義爲「歸依、歸命、敬禮、救我」。

〔三〕今　譯

如果有人帶著凡俗之情、一肚子胡思亂想，只要他發心、有緣走進修道的塔院裏，能虔誠地、心地清淨靈潔地稱念一聲「南無佛」、或「南無阿彌陀佛」，這些人便能因此而進入佛道、體悟佛道、出離生死。

〔四〕釋義

本偈意指凡夫心是「散亂」的，意識流裏全是亂七八糟的污染物，但只要他通過道場，又能心無雜亂地虔誠地念一聲「南無佛」，南無什麼佛都可以，他就會經由此一因緣走上成佛之路。可見念一聲佛號的功德，是多麼的大！反正惡人絕不會眞心念一句佛的！

【〇二三】

是法❶住法位，世間相常住；
於道場知已，導師❷方便說。

〔一〕原典

《妙法蓮華經》〈方便品〉第2。

〔二〕注釋

❶法：指一切物質及精神現象。

❷導師：指「釋迦世尊」，是對「佛菩薩」的敬稱。意思是「導衆生入佛道」之師長。

〔三〕今　譯

凡一切心物現象，在它基本的屬性定位上，都是不動的，世間雖有千差萬別，但它底實質並不隨它底表相變動而變動；這一意義，尤其透過出家修道、親證境界更能了解，釋迦世尊曾在經中針對不同衆生的根器，來宣說「住」與「不住」的種種道理。

〔四〕釋　義

本偈是《法華經》中非常重要的箴言，它主要在說明「法住法位」與「世間相常住」（而不說生滅、無常）的深義，猶如僧肇《物不遷論》所說「旋風偃嶽而常靜，江河競注而不流」的意思是一樣。世間相「不住」與「常住」是世尊爲「方便」而說；如果「不方便」，便說世間無常或「常」了。

【〇二四】

妙音觀世音❶，梵音❷海潮音，
勝彼世間音，是故須常念。

〔一〕原　典

《妙法蓮華經》〈觀世音普門品〉第25。

〔二〕注　釋

❶觀世音：梵語 Avalokiteśvara 的義譯，即「觀世音菩薩」之名，又稱「光世音、觀自在」，簡稱「觀音」，這位菩薩發願「只要有世人稱念他的名號，他便會沿著呼救聲而去救度此人的苦難」，所以稱爲「觀世音」。事迹詳見《法華經・普門品》及日本學者後籐大用著《觀世音菩薩本事》一書。

❷梵音：梵，原文作 brahmā 的簡譯，本音「梵摩」。原指欲界初禪天的梵王（天界之神），是印度古代婆羅門教信仰的對象，意思是「清淨」；梵音，即清淨的聲音。梵音細分有五，即「正直、和雅、清澈、深滿、遍周遠聞」。

〔三〕今　譯

美妙的聲音，是稱念「觀世音」菩薩的聲音；菩薩聖名的音聲是清淨的聲音，猶如海潮般無遠不及的音聲；稱念菩薩的音聲超過世間一切的歌聲、樂聲，所以衆生啊！你們要常念「觀世音」的聖名。

〔四〕釋義

本偈在佛門流傳最普遍、最久遠。偈中的「妙音、梵音、海潮音」，都是形容「觀世音」聖名的聲音，菩薩的名字充滿著美妙、清淨、慈悲而且無遠弗屆；聖名的聲音超越一切世間的聲音，所以經中叮嚀衆生，要「常念觀世音菩薩」，菩薩便會循聲音的來源，來救度你！但不要忘記，稱念「觀世音菩薩」的聖號，不可夾雜「妄念」，要心地純一、虔誠、如子念母一般地念！

【〇二五】

佛不染世法，如蓮花入水；

善斷有頂❶種，永度生死流。

〔一〕原典

《大般涅槃經》2〈壽命品〉第1之2。

〔二〕注釋

❶有頂：是三界中，色界第四天——色究竟天的別名。又有一說，有頂是無色界最高之天——非想非非想天。這一天，都在「色界」（或無色界）之頂端。修道之人到這一層次的「定界」，還沒有出離三界，還要生死輪迴，因爲它有「漏」未斷盡，仍不能了生死。

〔三〕今譯

佛如來不會受到世間一切烏煙瘴氣所汚染；就如蓮花在水中不會被汚染一樣；佛如來已斷除三界中最後一層細微的習氣；永遠截斷了生死的瀑流。

〔四〕釋義

本偈的重心在說明：不管已證佛果的聖者，已有志上求佛道、突破「無色界」最後一層世間障礙的人，都不會再回轉被世間一切「貪、嗔、痴……」諸多業惑、煩惱所污染。正猶如蓮花一樣，在水中永不會污染。這說明了「佛果」只要證得，便沒有再回墮「生死流」的可能。

【〇二六】

生世為人難，值佛世亦難；
猶如大海中，盲龜遇浮孔❶。

〔一〕原　典

《大槃涅槃經》卷2〈壽命品〉第1之2。

〔二〕注　釋

❶浮孔：就是漂浮在海上的木頭，這木頭上在生長時留下的洞隙。

〔三〕今　譯

一個有情衆生能投生到「人道」是很難遇的事，可是旣能投生「人道」而能遇到「佛陀住世」說法就更難；生爲人難，遇佛在世更難，猶如在一片海洋之上，一隻盲了雙眼的海龜在茫茫無涯的水際，遇到一片浮木，再鑽入這片浮木的孔中之難上加難！

〔四〕釋義

本偈主旨在說明，六道衆生，在無限長的宇宙海裏，在無限際的生死流裏，能投生爲人，再巧遇佛陀在世，是千古奇遇的事，今天人們能有緣接觸佛法，已是人生大幸，但望你不要辜負佛恩，把握今生，找個「安身立命」之處。

【〇二七】

自謂是男子，見彼為女人；

由斯分別心，而生於欲想。

〔一〕原典

《大寶積經》卷29〈文殊師利普門會〉第10。

〔二〕今譯

自己認爲「我」是一個堂堂男子漢，看到另一個長髮披肩、身材窈窕與自己發育不同型的是女人，由於有了這種男女異性的不同的想法，也就連帶產生了愛欲、佔有對方的衝動。

〔三〕釋義

本偈是說明衆生對世間萬事萬物有種種分別心，尤其在「男女」相上，不能泯除異性的差異，於是「欲念」便會從心頭升起。相反地，如果你不把她當作「女性」，欲念就沒有發生的原由了。「萬法唯心」，是佛法最重要的思想理念，「分別心」或「差別心」，便是衆生之所以爲衆生之緣由，也是衆生所以造業的淵藪！

【○二八】

假使經百刧❶，所作業不亡；
因緣會遇時，果報還自受。

〔一〕原典

《大寶積經》第57〈佛說入胎藏會〉第14之2。

〔二〕注釋

❶刧：梵語kalpa，是音譯「刧簸」的簡稱，義爲「長時」，就是無法計算的長時間。

〔三〕今譯

任何一個衆生即使百刧千刧不管多麼長的時間，他所造作的善的、惡的行爲（業）都不會消滅；一朝等因緣來到的時候，那時瓜熟蒂落了，果報還是由你自己承受。

〔四〕釋義

這一偈是佛典中的名言，說因果、報業，卽使千秋萬刧，也無法逃避。所謂「衆生畏果」、「菩薩畏因」，當你起心動念、一件事未作以前，先考慮它是不是惡業吧？

【〇二九】

世尊❶從欲起，猶如水中蓮；

不為世所染，如蓮處水中。

〔一〕原典

《大寶積經》卷71〈菩薩見實會．淨居天子讚偈品〉第23之2。

〔二〕注釋

❶世尊：是佛陀十個聖號之一；佛十號是：「一如來，二應供，三正遍知，四明行足，五善逝，六世間解，七無上士，八調御丈夫，九天人師，十佛世尊。」一般通稱「

佛」(Buddha)，是佛陀的簡譯，義爲「覺者」。

〔三〕今譯

佛世尊從無始煩惱、欲念的濁流中躍身而起，猶如淨水中一朵聖潔的白蓮；佛陀不再爲世間一切業惑所汚染了，正如白蓮在水中迎風而立。

〔四〕釋義

本偈說明即使佛陀，也是透過「凡夫身」，經由千修百鍊，證無上道，從「貪欲、嗔恚、煩惱痴愚」中脫身而出，不再爲世間一切汚濁所染，佛陀既已成佛，見賢思齊，我們自然也有成佛一日。

【〇三〇】

勿以施❶為施，勿以受為受；
施者能如是，乃名為淨施。

〔一〕原典

《大寶積經》卷85〈授幻師跋陀羅記會〉第21。

〔二〕注釋

❶施：爲「六度」之一，本爲「布施」度的簡譯，梵語 dāna，音譯檀那，義爲「施」，在六波羅蜜之中，稱「檀波羅蜜」，也稱「布施波羅蜜」，或「布施度」。

〔三〕今譯

〔朋友！當你以金錢衣物……作布施（給比丘或道場或貧困者）的時候〕，不要把你布施這件善行，一直在心上念念不忘，認爲你能布施很了不起，做了一件善事；也不要認爲那位接受你布施的對象，是受了你的恩惠才因而解困得救；一位眞心布施的人能做到「布施時，不著布施相」，對「被布施者」，也不作有被布施的對象」，這才可稱之爲「清淨的、無相的、偉大的布施」！

〔四〕釋義

本偈在提示〔一個人〕有心「布施」自己的資財，或有益於他人、社會、佛道的義行的時候，絕不可以爲自己貢獻一點財物…便沾沾自喜，引爲驕傲、榮耀。「布施」這個觀念皆不應有，如果對自己「布施」的行爲有了執著，這種善行便落了「功利思想」，甚至企圖「回報」，藉此引得社會知名度的虛榮，都不是佛法的本義。布施者既不可存「布施相」，對被施者也不可存「我救了他」的相，對布施的「物品」，更不可存「相」，要把「布施者、被施者、布施物」，三者都「空」掉了，才是眞正的「淸淨施相」。不過本偈中又將「布施物」略掉。但是文義裏是有的。這三者都把它空掉，稱之爲「三輪體空」。

【〇三一】

能於所施物，施者及受人，
等無分別心，是則施圓滿。

〔一〕原典

《大寶積經》卷85〈同上會〉。

〔二〕今譯

一個人能夠對他布施出去的財物，對他身爲「布施者」的概念和接受布施的不同身份的人，都能平等地一律看待，而不分「你賤我貴」、「你貧我富」、「你卑我尊」，這種布施，才是圓滿的布施。

〔三〕釋義

本偈與「三輪體空」的清淨施意義有所不同。本偈主旨是在說施者對被施者應有「平等一體」的觀念，更不可分別「我富你貧，我貴你賤」；並且絕不可因你有錢幫助誰就高人一等。對方雖受「恩」於你，但他的人格權與你一樣，他的生命與你平等，這樣看才符合布施的眞義，才符合佛家慈悲平等的精神。

【〇三三】

善惡猶種植，皆隨業❶所生；

何有苦子因，成熟甘果者？

〔一〕原　典

《大寶積經》卷95〈善順菩薩會〉第27。

〔二〕注　釋

❶業：梵語 karma，音譯作「羯磨」，意思是「造作」，就是衆生一切行爲。善的行爲，稱爲「善業」；惡的行爲，稱爲「惡業」；「不善不惡」的行爲，稱爲「無記業」；過去世的「造作」，稱爲「宿業」，現在世的造作，稱爲「現業」。又，人的行爲分「身、口、意」三方面，身體觸犯善惡等行爲，爲「身業」，語言產生善惡等行爲，爲「口業」；內心動善、惡、無記種種念頭，爲「意業」。「業」之演繹性解釋極多，從省。

〔三〕今　譯

爲善爲惡猶如下種子，都隨你的業力行爲生禾苗，那有下了苦的種子後，等待成長揚花結出甜果實？

〔四〕釋義

這一偈語所闡述的：「因果」，像鐵定的事實，沒有一絲一毫通融和彈性。你種的善因，不可能結出惡果，你下了苦的種子，也絕不會結出甜的果實。透過植物作比喻，一切衆生的行爲，都要由自己負責。

【〇三三】

若以色❶見我，以音聲求我，
是人行邪道，不能見如來❷。

〔一〕原典

≪金剛般若波羅蜜經≫＜法身非相分＞第26。

〔二〕注釋

❶色：泛指物質現象。這裏指「個人有形的身體」（色身）。

❷如來：梵語「多陀阿伽他」（Tathāgata）的義譯。是佛的十種尊號之一。意思是「

如實而來」，故稱「如來」。

〔三〕今譯

世間人如果想以有形的色身（肉身）來見我（佛），以生物的器官、以聲音來祈求我（佛），這個人就犯了不了解佛法的毛病。他用色身、聲音想得到「我」的回應，當然不可能見到「如來」的眞實法相。

〔四〕釋義

這一偈，是就法身本體上說，並非透過感應。修行人會透過三昧，或專一祈求的狀況下，見到「瑞相」，例如佛菩薩、蓮花、光暈等等。但這些依然是修者自性的反應，而非佛菩薩眞的顯示。佛的法身，是無法用你的肉身、你的世間聲音祈求而能顯現的。能親見佛如來的惟一途徑，是自己證道。

【〇三四】

一切有為法❶，如夢幻泡影❷；

如露亦如電，應作如是觀。

〔一〕原典

《金剛般若波羅蜜經》〈應化非眞分〉第32。

〔二〕注釋

❶有爲法：指「因緣所生的事物」、「人爲的造作」，都稱「有爲」。也就是「世間法」。

❷夢幻泡影：夢，指夢境。幻，指假相，如眼中冒金花，昏亂中視覺見幻景。泡，指水泡。影，指人影、樹影等實物透過光線反映的影子。以上都比喩不實在的東西。

〔三〕今譯

凡是世間一切透過因緣成就的事物（不管人身、山河、功名、財富），都像一場春夢、一片幻景、水上的泡沫、日光下的陰影；也猶如秋夜的露水、盛夏雷雨前的閃電，都是不實在的東西，因此我們在佛道上，對世間的一切，應有這樣的感悟！

〔四〕釋義

《金剛經》這一偈，爲佛門引用頻率極多的箴言！它說明「器世界」的一切之不實在、不可靠、不長久、不安全，學佛人應該作「如夢、如幻、如泡、如影、如露、如電」的觀照，不可貪戀、執著，從假相中，上求佛道，而不要受假相所誤。

【〇三五】

或現作淫女，引諸好色者，
先以欲鈎牽，後令入佛道❶。

〔一〕原典

《維摩詰所說經》上〈佛道品〉8。

〔二〕注釋

❶佛道：是梵語 bodhi 的義譯。又譯作「覺悟」。偈中「佛道」爲同義結合詞，意思是

「佛陀的無上道」，或「成佛之路」。

〔三〕今譯

〈維摩詰〉以菩薩大悲之心，有時現身化為淫舍的女子，引誘那些喜好在花街柳巷的好色人，其目的是先以「愛欲」來作為鈎牽世人的媒介，然後再使他們走入佛門、修無上道。

〔四〕釋義

「先以欲鈎牽，後令入佛道。」最能反映大乘佛道「入世精神」。不過「先以欲鈎牽」，必須透過有真修實練的學佛人、真正發大悲心的人，才能從事這種搞不好「與汝偕亡」的犧牲自己的事。如果初入佛道、毫無定力的人，不可輕易從事。《維摩詰經》已將「大乘佛法」推展到最高峰，這一偈可以代表。

【〇三六】

法從分別❶生，還從分別滅；
滅諸分別法，是法非生滅。

〔一〕原典

《金剛三昧經》〈入實際品〉第15。

〔二〕注釋

❶分別：梵語 vibhajya 的義譯，是衆生的「心識」對外境產生的思考、判斷、辨別、認識等作用。也是「心、心所」的別稱。

〔三〕今譯

世間的一切現象（法）原本是從「衆生心識」的認知、辨別而產生，最後這些現象依然會在「心識」認知的反映下消失、隱沒；如果「你能」把那顆會使一切現象生滅的主觀的分別心消融了，那麼一切現象便沒有「生」和「滅」這回事了。

〔四〕釋義

這一偈語在說明「一切現象」(心色二法)只是衆生心上「分別、概念、認知」的幻影;如果沒有「分別心」,一切現象將不復存在。這也說明了「萬法唯心造」的眞理;世間有許多不同的「名詞、狀態、理念」,都是經由「衆生心」產生;所謂「心生則種種法生」,「心滅則種種法滅」,因爲「心」有「分別認知」的特別功能,才創造萬有。這種「萬法生滅由心」的至理,唯佛與佛,乃能究竟。研究唯識學者,可從其中窺其端倪。

【〇三七】

若能見過去,未來亦復然;

如實❶知諸法,是名為如來❷。

〔一〕原典

《不退轉法輪經》〈受記品〉第7。

〔二〕注　釋

❶如實：本義爲「眞如實相」，抽象名詞。在本偈中，應釋作「依照原本形態」或「依照原本面目」，這「原本形態、原本面目」，指的是一切事物的本體。

❷如來：佛之十號之一。見前注。

〔三〕今　譯

一個人能洞見「過去」無限長時間的種種事，也能徹知「未來」無限長時間的種種事，並且一如「萬法原本樣態」（而不是實物狀態）那樣去了解一切事物，這個人就可以尊他爲「佛世尊、如來」了。

〔四〕釋　義

本偈在強調「如實知諸法」。因爲衆生看事物只根據「現象」揣摩、判斷；或者只根據某種事物的特性、活動方式來了解，這都是「假相」，而不是「實相」。實相，是從「假相」抽離以後的眞品。一旦有「人」能「如實」去了解「萬法」，他不僅能「通」過去、未來三世，當然也是佛了。

【〇三八】

一切行無常，生者皆有苦，

五陰❶空無相，無有我我所❷。

〔一〕原典

《賢愚經》〈梵天請益六事品〉第1。

〔二〕注釋

❶五陰：唐以前譯爲「五陰」，玄奘譯爲「五蘊」，所謂「陰」、「蘊」都是衆多煩惱聚集的意思。這「五陰」指「色、受、想、行、識」這五種「物質」與「精神」活動事物。「色」是有形身體，「受」是心理對外境的承受反射，「想」是對境透過整理後的思維，「行」是外境刺激後，反映於心理上的一切善惡念頭，「識」是能認知事物、思考、判斷、深省的心之素質。如廣釋，可參看于凌波著《唯識學綱要》一書。

❷我我所：我，是以「自我」為中心的「假我」；我所，是屬於我的主觀意識領域一切活動及身外之物。

〔三〕今　譯

世間一切的事物都非永恒存在的；
凡是活在世間的一切衆生都有苦難；
可是反觀所謂生理、心理所衍生的「色、受、想、行、識」這五種蓋覆人心的東西，本質上都是不存在的、無有具體相狀的，
它本身並沒有主觀的「自我」與客觀的所屬的一切。

〔四〕釋　義

本偈主旨在說明「五陰」（色、受、想、行、識），是積累的無明習氣所形成，它的本體並不存在，是可以透過修道證悟來化解的。因為它並沒有一個「實體」的自我，更沒有它所屬的一切。例如「色」是有形狀的東西，不管血肉的人身，還是一堆糞土，都是因緣所生，非恒久的、無常的，並沒有

一個「實體永恒」的色，卽使地球、太陽也有毀潰的一日。既然一切事物沒有「自我」，當然也不能更有一個附屬於我的一切。「受、想、行、識」也是一樣，推之於一切衆生，莫非如此，能明瞭這一層意義，就知道「無常、苦、我」，都是「無相」的東西，都沒有它底實體，能這樣去參悟，就接近佛的眞義了。

【〇三九】

若人不入網，愛無從所生；
諸佛境無邊，無跡無來去。

〔一〕原典

《佛本行集經》卷51〈尸棄半生品〉下。

〔二〕今譯

如果一個人自己不會主動投入慾念的羅網，

那麼「愛」，這生死煩惱的根苗便不會抽芽；

三世一切佛的境界無邊無際，不是凡情所能洞悉，

佛身遍一切虛空，但了無痕迹，不著一切相，也沒有在生死圈內來去的困惑。

〔三〕釋義

本偈說明「愛慾」的網是衆生自編自織，也就是說「業」是自己造的，果是自己嚐，但佛菩薩因煩惱已盡、不受後有、無來無去，是不受生死愛慾所束縛的。

【〇四〇】

高者亦隨墮，常者亦有盡；

生者皆有死，合會有別離。

〔一〕原典

《撰集百緣經》卷1〈菩薩授記品〉第1。

〔二〕今　譯

站在懸崖頂端的人有隨時墜落的危險，
世間再恒久的事物都會有毀滅消失的一天；
凡是活的生命都有死亡君臨，
有了相聚就有離別的傷悲。

〔三〕釋　義

本偈用「對比法」來形容一切相對的事物都是不長久、都是有限的，也都是不確定、不安全的。

這是一首意義很淺白的偈頌，可是凡夫俗子卻視而不見，總會在陰溝裏翻船。這一偈語提示我們：要常念「生命無常」之理。

【〇四一】

因愛則生憂，因愛便有畏；
能離恩愛者，永斷無怖畏。

〔一〕原典

《撰集百緣經》卷4〈出生菩薩品〉〈善面王求法緣〉章。

〔二〕今譯

只爲了「愛欲」就會衍生出許多憂怨；
也因爲「愛欲」便會衍生出許多畏懼；
那些眞正能捨離人間恩愛的人，
才能永遠斷除怖畏、憂苦的根源。

〔三〕釋義

這一偈語，通過衆生「生死之根」的〔愛欲〕來說明「有愛就有憂，有愛就有畏，有愛就有恨，有愛就有說不盡的煩惱苦痛」。愛是生命煩惱根本，如能斷除「愛欲」，生命的淨化已完成泰半；佛典裏，談「愛欲」的地方極多，因爲它是「無明」的根苗，只要有它，成佛便沒有可能，悟道便成爲泡影。

【〇四二】

無病第一利，知足第一富；
善友第一厚，無為❶第一安。

〔一〕原典

《佛說太子瑞應本起經》下。

〔二〕注釋

❶無爲：梵語 asaṁskṛta，意思是「沒有造作」。「爲」就是「行爲、造作」。原譯義是「沒有因緣造作」；譯家採老子語簡稱爲「無爲」，來代表「佛道」。

〔三〕今譯

「無病」是人生第一件大吉大利的事，
「知足」是人生最重要的財富；
「善友」（善知識、益友）是人生最重要的收穫，
「佛道」（修行佛道）是人生最安全的歸宿。

〔四〕釋義

「無病、知足、善友」是世間法，卽使不是學佛人也該以此爲樂；但是「無爲」（佛道）卻只有學佛人才能享有。本偈以前三句，來襯托人的「安身立命」，佛道爲最究竟的去處！

【〇四三】

若❶法因緣❷生，法亦因緣滅；
是生滅因緣，佛❸大沙門❹說。

〔一〕原典

《佛說初分說經》下。

〔二〕注釋

❶**若**：指稱詞。意爲「此、那」。泛指「一切法」。

❷**因緣**：世間一切事物，能夠產生的主要力量爲「因」，次要的輔助條件、助力爲「緣」。例如：一粒種子具備了發芽、開花、再生種子的基本能力爲「因」；透過農夫、太陽、雨露的助力，能夠成熟爲「緣」。世間一切現象的生、長、滅，莫不借助「因緣」而建立其「生命」。

❸**佛**：是「佛陀耶」(Buddha)的略稱。可稱爲「佛陀」，簡化爲單音是Bu(佛)。如不專指釋迦牟尼佛(Śākyamuni Buddha)，則可泛指過去或未來一切佛。但在本偈中，則指釋迦佛。釋迦，是族姓。牟尼是名字。

❹**沙門**：śramana，意爲「息心、淨志、貧道」。又譯爲「勤勞修道、勤修息滅煩惱之人」。爲棄俗出家人的總稱，並不分佛教或婆羅門教。

〔三〕今譯

世間一切事物現象，都是由因緣來決定它的存在（生成）的；

法既有生，也就有滅；所以它也會透過不同的因緣而消失；所以，「法」的生滅（物類的發生和消滅）都由因緣來決定，這一「因緣決定事物之生、住、異、滅」現象，是佛陀這位大和尚所說的。

〔四〕釋　義

這一偈主旨在說明「法」（世間一切事物現象）的出現、消失，都是由「因緣」來決定，佛家稱這一「法則」爲「緣起論」。而這一「緣起」法則，則是由佛所創立的。

【〇四四】

自知我生盡，及梵行❶已立；
所作皆已辦，更不受後有❷。❸

〔一〕原　典

《佛本事經》卷3〈二法品〉第2之1。

〔二〕注釋

❶梵行：梵語 brahmā，意思是「清淨」，「梵行」，就是「清淨的道行」、「斷除一切惡的行徑」，指「佛道」。

❷後有：就是來世的人身。

❸本偈義：在佛典中有《阿含》等多經重複引出，簡爲「我生已盡，梵行已立，所作已辦，不受後有。」他典不再引錄。又《佛本行集經・41・迦葉三兄弟品・下》擴衍爲七言。見本書194頁。

〔三〕今譯

我已證知、我已出離生死之流，業報已盡，
並且嚴持禁戒、清淨的道行已經確立；
我在佛道上該修的已修、該證的已證了，所有該做的事都已做了。
更不會受到來生後世的種種的果報了。

〔四〕釋義

這一偈，是佛陀親證佛果的自述。一個證了佛果的人，他自己會清清楚楚的知道自己到達的是甚麼定位？是「佛」、是「菩薩」、還是「阿羅漢」？既然證了四果以上的佛位，自然不受「後有」。

【〇四五】

百千啞羊僧❶，無慧修靜慮❷；
設經百千歲，無得涅槃❸樂。

〔一〕原典

《佛本事經》卷4〈三法品〉第2之2。

〔二〕注釋

❶**啞羊僧**：啞羊，指「聲帶」有障礙、叫不出聲音的羊。啞羊僧，是形容出家而不知持戒、懺悔，好像不會叫的「啞羊」一樣、到死無聲。同時也象徵痴愚無知之僧。

❷**靜慮**：是「禪那」的義譯。梵語dhyāna，音義合譯爲「禪定」。「靜慮」也就是

「定」的意思。但與「三昧」不同。禪定為六度之一。

❸涅槃：梵語nirvāna，又譯作「泥洹、泥丸、泥畔」，義為「寂滅」；意思是「已斷生死煩惱，離一切有為相，本體寂靜，不生不滅」，所以稱「寂滅」。

〔三〕今　譯

世間千百個痴愚、到死無聲的「啞羊僧」，
沒有智慧、荒廢歲月、疏忽修禪定；
即使他能活上百歲、千歲永不死，
也不會親證眞正寂滅之樂趣。

〔四〕釋　義

本偈主旨在告誡出家僧，既然棄俗出家，就要嚴持禁戒、精修佛道，而不可隨波逐流、毀戒輕律、做一個渾渾噩噩的痴愚僧。做一個自暴自棄的「啞羊僧」，是永遠證不了涅槃之道的。

【〇四六】

薝蔔❶花雖萎，勝於諸餘花；
破戒諸比丘❷，猶勝諸外道❸。

〔一〕原 典

《大方廣十輪經》卷3〈相輪品〉第5。

〔二〕注 釋

❶**薝蔔**：花樹名，梵語 capaka，又譯作「瞻波、占婆、瞻博、瞻博迦……」，意思是「金色花樹」，是常綠灌木，葉橢圓而厚，夏天開黃白色小花，子橢圓，色黃，可作黃色染料。花有香氣，種和花均可入藥。有說卽中國的梔子花。象徵佛法的殊勝。

❷**比丘**：梵語 bhiksu 的音譯，又譯作「苾蒭」，意爲「乞士、道士」。是佛徒出家、受戒後的男性僧侶之通稱，俗稱「和尙」。

❸**外道**：就是「思想、規律」異於佛道，且行法不正的道法。古有「六師外道」、「九十六種外道」，在佛教團體內，有人「扭曲」佛法，另立宗旨，稱爲「附佛法外道」。

〔三〕今 譯

啊！美麗香潔的薝蔔花雖然枯萎了，
還勝過世間一切的花；
有很多出家的比丘們，雖然破戒了，戒體不清淨，畢竟他們是以佛法為安身
立命之所，
他依然超越於很多為害人類性靈的外道。

〔四〕釋義

本偈的主旨，以薝蔔花象徵佛法之香潔，超過世間一切花；比丘雖然破戒了，也猶如枯萎了的薝蔔花，但它畢竟是比丘、是薝蔔花，還是超越一切外道；還是值得在俗人的尊敬：因為「出家」畢竟是一件大了大斷而難能的事！

【〇四七】

常攝己身口，其心靜不亂；
寂寞定三昧❶，神通❷無不達。

〔一〕原典

《佛說超日月三昧經》上。

〔二〕注釋

❶**寂寞**：寂與寞，是同義詞，指禪定的境界，猶如「寂靜、寂滅」。

❷**三昧**：梵語 samādhi，音譯作「三昧耶」、「三摩地」。「三昧」是「三昧耶」的節譯，義爲「定、正定、專心一境、精神集中……」佛家修道，必領透過甚深三昧才能證果。

❸**神通**：神，是「神奇難測」，通，是「通達無礙」，合稱「神通」。「神通」，根據不同的道力，「通」的類別與層次也不同。如「五通、六通、十通」。「五通」是三界內的「通」、「天人、鬼神」甚至「畜生」都有。「五通」（他心、天眼、天耳、宿命、神足）加「漏盡」（煩惱已盡）一通，爲「六通」，這是「阿羅漢」以上的通力。「十通」是形容佛位的通力。即「六通」之外，加「對衆生之示現」、「示現多方世界」、「一念可達無限佛土」、「能莊嚴一切世界」，加這四通爲「十通」。但這四通是前「六通」的擴大與延伸。

〔三〕今譯

修道人如能嚴守身口清淨不造惡，
他的心念清淨、外緣不動明如鏡；
便可入於寂然靈虛三昧境，
證得六種神通小無內，大無外，大自在。

〔四〕釋義

本偈主要說明了一套簡明的入道過程，從最初嚴防「身、口、意」之業，最後透過禪定，使「心」不亂，妄念不起，功力深厚之後，便能入於寂然三昧地中；透過三昧（定）而引發各種通力，能入小無內，出大無外，得大自在，而無所不知、無所不達。

【〇四八】

因愛故生苦，如是應捨愛；
當樂於獨處，猶如犀一角❶。

〔一〕原典

《金色王經》。

〔二〕注釋

❶犀一角：犀，指產於非洲的「犀牛」，但相信在古代亞洲近熱帶地區也有，不過在文明發展以後滅絕。據知：印度仍有極少數犀牛存在。犀牛只有一隻角，有異於「牛、羊、鹿」等動物，又大於牠們。在這裏象徵解除「愛」的煩惱之後的情境，如鶴立雞羣，超越物外。

〔三〕今譯

世間凡夫因爲「愛欲」而生苦痛，
如果能「痛定思痛」就應該捨去這生死之本的「愛根」；
做一個清淨的修道者去深山野谷修無生道，
猶如犀牛的獨角一樣，處於衆生羣中，獨樹一幟。

〔四〕釋義

〔四〕本偈對發心修道棄俗者而言，是絕對必要，並非指「在家居士」。修道的大前提，必須先捨「情愛」；因爲「愛」會爲衆生帶來數不盡的煩惱，有煩惱便不能入道，因此要斷除煩惱便要「捨愛」，把自己丟到「絕處」去活埋一番，做一個像一隻角的犀牛一樣，遺世獨立，才能見道。這當然是純粹的「出世法」。

【〇四九】

法❶能破非法，實語破虛妄；
智慧破癡愚，天❷破阿修羅❸。

〔一〕原典

《正法念處經》卷21〈畜生品〉第5之4。

〔二〕注釋

❶法：在這裏指佛法、正法。

❷天：指六道中的「天道、天人」。

❸阿修羅：梵語 asurn，又譯作「阿須羅、阿素洛、阿素羅」。意思是「無端、醜陋、非天」。是一種介於「天道」與「人道」之間的衆生，個性乖戾，也稱「無善神、惡神」。

〔三〕今譯

佛法能破一切不正法；
眞語實語可以破謊言；
智慧之光可以破痴愚、掃黑暗，
天道善神可以大破凶神陣。

〔四〕釋義

本偈是以相對法，來襯托出「正法、實語、智慧、善道」才能消除相反的一些非正道、邪道、惡法。它間接地接引衆生要走向一條佛法大道。

【〇五〇】

觀心性相續，念念如燈焰；
心因念念滅，諸業❶亦如是。

〔一〕原典

《正法念處經》卷35〈觀天品〉之14。

〔二〕注釋

❶諸業：指衆生的「身、口、意」一切行爲、造作。

〔三〕今譯

細心體察衆生的「心性」一波接一波連綿不絕；
每一個心念彷彿燈焰在夜空中不斷閃爍；
心性的流水會透過念頭的消滅而不再相續，
一切的業力、造作，也會經由心念的消滅而不再氾濫成河。

〔四〕釋義

本偈主旨在說明衆生的一切行爲造作，都是心力、念力支配；心的波動停止，念頭也會消失，而業力也就不再發生作用了。息心、止念，是修行佛道的基本方法。

【〇五一】

有生皆無常，一切必破壞；
一切有為法❶，破壞則不疑。

〔一〕原典

《正法念處經》卷40〈觀天品〉之19。

〔二〕注釋

❶有爲法：同前注。即衆生一切的行爲、造作。

〔三〕今譯

凡是有生命的東西都是不常久的、非永恒的，
世間一切有形的物象上自大地山河，下至魚蟲草木，最後終歸於毀滅；
一切世間的林林總總，凡是眼見的、耳聞的、實在的事物，
最後必歸於毀壞，消失於無限太空，是不容置疑的！

〔四〕釋義

本偈指出，世間法限制於「成、住、壞、空」法則，沒有任何事物可以永存不壞，這是「諸行無常」法則，沒有人能改變得了，佛也改變不了。這是一項鐵則。凡是違背這一法則的理論，皆不是「正法」。

【〇五二】

一切衆生命，如水沫不異；
如河流波動，少年亦如是。

〔一〕原典

《正法念處經》卷40〈觀天品〉之19。

〔二〕今譯

世間一切的有情生命，
都像水上的泡沫一般脆弱無常；
亦如河水的滾滾東流不息，
年少時的光陰也是一樣，如水一去不回。

〔三〕釋義

本偈說明「生命不足恃」、「年少不足恃」，因此，勸告少年人要珍惜光陰，不要等到老來再學佛、再修道。到老年再學佛、比少年時障礙更多、習氣更多，世人千萬要體悟其中深意。

【〇五三】

少年必當老，諸欲猶如夢；

是故有智者，不應樂放逸。

〔一〕原　典

《正念法處經》卷56〈觀天品〉之35。

〔二〕今　譯

青春年少必然會走向白髮衰老，

一切的欲念（如財、色、名、食、睡）的幻影猶如在夢中拂過；

因此你能具有哲人智慧的話，

就不應該沈醉在放任、玩樂、迷失的生活裏。

〔三〕釋　義

本偈主旨在說明：不僅生命無常，不覺老之已將至，而且生之欲念，例如「財色名利」都是過眼煙雲，因此，告誡你：如果你是一位有智慧的人，就不該讓世俗的欲樂陷住你！

【〇五四】

凡諸有生類❶，有生必歸滅；
一切有為法，皆亦復如此！

〔一〕原典

《正法念處經》卷56〈觀天品〉之35。

〔二〕注釋

❶有生類：即「有情眾生」之同義詞，今指「卵生、胎生、濕生、化生」諸有生命的眾生。

〔三〕今譯

凡是有生命的種種族類，
只要它賦予生命便必歸死亡；
世間一切現象、一切名利成敗，

也都像有情生命一樣無法久存。

〔四〕釋義

本偈在說明「生必有死」、「成必有壞」，衆生不能把有限的東西視爲無限，把無常的事物當作久遠；除了「佛性」，一切皆無實相而虛妄。

【〇五五】

若作種種業，則生種種果；種種受生❶者，以種種業故。

〔一〕原典

《正法念處經》卷56〈觀天品〉之35。

〔二〕注釋

❶受生：指從母體被生出來的一切生命，稱之爲「受生」。在此間泛指一切有生命的

族類。

〔三〕今譯

任何衆生如果他造作種種善業、惡業，
就會產生種種善果、惡果……，
凡是一切被賦予生命的種種族類，
正因爲他們已造作種種深深淺淺、善善惡惡不同的業……。

〔四〕釋義

本偈在分析凡是任何生命體，例如天道、人道、畜生道、鬼道；胎生、卵生、濕生、化生，都是由於他們透過前生或前多生業的累積才落到這一生的生命現象，成爲人、或畜生、昆蟲、飛鳥、鬼道…。換句話說，「業」（行爲的疊積爲慣力）成爲支配「生命樣態」的力量。「業力論」與世界其他宗教最高理論不同處，也在於此。其他宗教多採「第一因論」（有主觀的造物者）。

【〇五六】

沒在愛水中，不能度衆苦❶；
以沒生死故，永無有安樂。

〔一〕原典

《正法念處經》卷57〈觀天品〉之36。

〔二〕注釋

❶衆苦：指生之八苦：即「生、老、病、死、求不得、愛別離、怨憎會、五陰熾盛」。從斷面分析，則爲三種：即「苦苦、壞苦、行苦」。
1. 苦苦：指由自然環境衍生的「冷、熱、飢、渴」等苦的因緣所生的苦；
2. 壞苦：指樂極生悲，順境轉成逆境帶來的苦；
3. 行苦：指諸事無常、生滅不定的苦。

〔三〕今譯

一個人一朝沉溺在「愛慾」的洪流裏，
他便無法去救度需要救濟的生命；
正因爲他也沉淪在生死苦海裏，
永遠也沒有安樂、沒有救度別人的能力。

〔四〕**釋義**

本偈主旨在說明衆生墮在「愛」的巨流裏，自顧不暇，又那有能力、那有智慧去救別人呢？愛，是生死無明的根本，愛本身卽是一種迷失，你自己迷失了，又怎能引導別人走不迷失的路？「愛」是有情衆生與覺者的分限點；衆生要愛，覺者斷愛。要沉淪、要覺悟，就要由你自擇，但不要忘記，「愛」本身便與一切苦糾結混成一體，有愛就有苦、就有煩惱，就永遠沉淪。

【〇五七】

微細難解知，徧行一切處；
是業使衆生，流轉於諸趣❶。

〔一〕原典

《正法念處經》卷57〈觀天品〉之36。

〔二〕注釋

❶諸趣：指「六道」，即「天、人、阿修羅（凶神）、畜生、鬼、地獄」。

〔三〕今譯

衆生生命來源的脈絡細微，不是平凡的人所能知曉，而因緣果報的腳步，卻悄悄地無所不在，但是可知的，是「業力」支配著衆生生命，隨著它流轉到六道永遠不停。

〔四〕釋義

一般人解釋「因果」，前生造什麼，今生得什麼，彷彿很簡單。其實，因、緣、果、報的來龍去脈，極其深玄與細微，也絕不是四果以下的聖者與六道眾生所能了解的。唯一可供解釋的，便是「業」的力量，永遠支配眾生。

【〇五八】

世間愛和會，不愛於別離；
和會必有離，世間法如是。

〔一〕原典

《正法念處經》卷57〈觀天品〉之37。

〔二〕今譯

世間凡是有「愛」緣的眾生總會相聚，
如果沒有「愛」緣而相聚，便終會分手；
由於世間無常，相聚就一定有離別，不管生離還是死別；世間的人情、遭遇就是這樣。

〔三〕釋義

〔三〕本偈的主旨，在說明「合」與「離」爲有情人類重要的活動軸心，父子、夫妻、朋友、僚屬，都繫於雙方的「投緣」（愛）與否；相投就「合會」，不相投，就不合則離。「分合」是世間人情的常態。有情人不要爲了無端的失去所愛而哀傷吧！

【〇五九】於人世界中，有陰❶皆有苦；
有生畢歸死，有死必有生。

〔一〕原典
《正法念處經》卷57〈觀天品〉之37。

〔二〕注釋
❶陰：指「色、受、想、行、識」這五陰，是指人的「身心」兩方面的運作現象，因爲由它帶來許多困惑、苦、昏暗，所以稱爲「陰」。

〔三〕今譯

只要在人的世界裏，
有了你這形體、你這心靈，有生理問題、心理問題，這就是苦的浮現了。
但是人，有生就終歸有死，
有死也必然就有生。生死是受到業力支配而不斷循環的連鎖。

〔四〕釋義

本偈是說，有情與「五陰」相結合，產生「苦」。苦與「生命輪」掛鈎，不斷循環。「生死現象」是世間法一般現象，在生命法則中難以擺脫，除非透過佛道，洗盡「苦源」。

【〇六〇】

若捨此身時，失命❶暖❷及識❸，
更無所覺知，猶如瓦木石。

〔一〕原典

《正法念處經》卷66〈身念處品〉之3。

〔二〕注釋

❶命：指人將死時的呼吸停止，表示死亡。

❷暖：指體溫。人雖停止呼吸、腦死，但是身體各部還有些極微熱度，稱爲「暖」。這表示「沒有眞正、徹底地死亡」。

❸識：梵語 parijñana，意思是「對境了別」，心的別名。這裏可解爲「神識」（靈魂）。

〔三〕今譯

當有情衆生此身死亡時，
便失去生命、散失了體溫和他的神識；
因此他的血肉之身也就沒有知覺了，
正猶如一片瓦、一根朽木、一塊岩石一樣。

〔四〕釋　義

本偈不在說明一個衆生死亡的過程，而在提醒人們，血肉之身，除了呼吸、體溫、神識之外，便一無所有。血肉之身是旅店，是神識的臨時住所，眞正的主人，不是這個色身，而是那個稱之爲「神識」的靈魂，由它去四生六道，串演各種生命的角色。

【〇六一】

譬如火得薪，如海愛衆流；
愛欲難厭足，是故應捨離。

〔一〕原　典

《正法念處經》卷69〈身念處品〉之6。

〔二〕今　譯

〔衆生之心與情愛〕猶如一堆火燄加了一把薪柴，

也似大海愛上了、吸收了陸地千條百條河流；
愛的欲望是永難滿足的深壑，
因此，〔我〕勸告你們，要趕快切斷這道激流！

〔三〕釋　義

本偈用「火上加油」、「衆流入海」來形容衆生「欲念」（所謂愛）的難以滿足。只要有生命存在的一天，都有這種東西佔據衆生的整個心靈。爲了修習佛道，出離生死，解除煩惱，除了割情斷愛，似乎再沒有更好的辦法了。在捨情斷愛的意義上，佛陀對比丘們的敎示上，說得最多。對在家居士，多半說「斷邪淫」。不過要想了脫生死、不管誰也要從這條瀑流裏脫身。

【○六二】

欲知前世因，今生受者是；
欲知來世果，今生作者是。

〔一〕原典

有關「因果經」中未見，原典待查。

〔二〕今譯

要知道你前生造了什麼「因」，看今生的遭遇就知道了；要知來世有什麼禍福果報，看今生你作了什麼善事惡事就知道了。

〔三〕釋義

這一偈語，爲佛門極爲流行的「因果偈」，但大家順口成章地念，可不知來處。經查閱所有經典中，未見此偈。只有待來日細檢，查出來處爲止。此偈意淺，但直搗衆生的痛處，有「止惡抑非」之效。

【〇六三】

世間諸欲本，皆從思想❶生；
住世間欲本，而有染著心。

〔一〕原典

《五分律》17〈第三分初受法〉下〈舍利佛偈〉。

〔二〕注釋

❶思、想：思，使心識發生念頭（造作）爲本識，是「心所法」；想，使事物的影像浮出心面，然後造成語言的動機。「思想」合釋，引爲「妄想、妄念」。

〔三〕今譯

世間〔衆生〕一切欲念的源頭，

都是從浮動的妄念（意識流）產生；

如果你總是隨著這欲念的源頭〔妄想〕走，

便會衍生出許許多多汚染的對事物留戀的心理。

〔四〕釋義

本偈在說明「妄想」（也可以說是「胡思亂想」）是衆生一切欲念產生的泉

源；衆生讓它牽著鼻子走，那麼它看見甚麼，便黏什麼、著什麼；近朱者赤、染墨者黑，沒完沒了。你的心，也就變成一隻大染缸了。世人沒有想到要消滅「妄想」，只有佛道的修行者，才要專一心志、去斷妄想。妄想清了之後，心鏡才會清淨光潔。

【〇六四】

善人共會易，惡人善會難；
惡人共會易，善人惡會難。

〔一〕原典

《五分律》25〈第五分初破僧法〉。

〔二〕今譯

善人與善人相處會很容易，
惡人與善人相處會很難；

惡人與惡人相處會很容易，
善人與惡人相處會很難！

〔三〕釋義

本偈主旨，強調「善惡」兩元的對立性與衝突性。善人本來不會與惡人相處，惡人當然更不可能參與爲善的羣體；彼此之間人格態度不一樣，與善人相處，會破壞惡人的外侵性權益；與惡人相處會抵銷善人的努力。如果化解「善惡」兩元的衝突，唯一的途徑是「爲善去惡」，善人要「化惡爲善」，才會填起「善惡」的鴻溝。學佛人最初要化「惡」，修道要「善惡」雙忘。

【〇六五】

〔一〕原典

譬如明眼人，能避險惡道；
世有聰明人，能遠離諸惡。

《彌沙塞五分戒本》、同《十誦律比丘波羅提木叉戒本》。

〔二〕今譯

就譬如眼睛沒有毛病、視力清楚的人，
能選擇平坦正直的路走、而避免走險惡的小徑、有壞人搶劫的窮徑；
世間也有許多眞正的聰明人，
能遠離一切惡人、惡事與侵犯身心的惡習！

〔三〕釋義

本偈在說明「爲善去惡」之道，在乎你明智的抉擇。因爲「惡」也有美麗的外衣包掩，就猶如一個捕捉野獸的陷阱，上面飾以美麗的花草或樹木，引誘你走過去。「明眼人、聰明人」必須有「善」的理想與懷抱，有這一指引，便會離惡趨善，而不爲惡緣所誤、惡友所矇蔽了。

【〇六六】

一切惡莫作，當具足善法；
自淨其意志，是則諸佛教❶。

〔一〕原典

《彌沙塞五分戒本》。

〔二〕注釋

❶本偈與《雜阿含》卷44〈十不善品・48〉略同；《增一阿含》・一・卷一〈序品・第一〉簡爲「諸惡莫作，衆善奉行，自淨其意，是諸佛教。」有關引此偈之佛經甚多，四言、五言，甚至七言均有，不另錄。

〔三〕今譯

一切的壞事不要做，所有的善事要當先；
能夠掃盡心中一切惡，就是佛陀給予衆生的教導。

〔四〕釋義

這個偈子是佛教最流行的「勸世箴」，幾乎凡學佛者人人皆知，可是卽知卽行的人難找，知而不行的人更多。問題在：「善惡」行爲還好解決，「自淨其意」太難了。自淨其意，卽「心靈上也不允許有一絲烏雲存在」，甚至「善」也不存在，無垢無塵，才是眞正的「自淨其意」。

【〇六七】

利衰及毀譽，稱譏若苦樂❶；
斯皆非常法❷，何足致憂喜？

〔一〕原典

《摩訶僧祇律》第4。

〔二〕注釋

❶利、衰、毀、譽、稱、譏、苦、樂：卽所謂「八風」。這八種人生際遇，稱之爲「風」，因爲它能煽動人心，左右人的欲念。「八風吹不動」，必須有強大的「定」

力來支持。

❷**非常法**：指「非永恒的事物」。也就是指上述「八風」，都是「不確定」的，可移位的，非蓋棺論定的東西。

〔三〕今　譯

走運、倒楣、遭謗、有名聲，
讚美、諷刺、加上苦和樂；
這些都是人生變幻難定論，
那裏值得爲它時喜而時憂？

〔四〕釋　義

蘇東坡在鎭江，隔著江，寫了一封信到揚州給他的方外好友佛印禪師，說自己已到「八風不動」之境。佛印看了信，批四個字：「放屁！放屁！」再交送信人帶還給蘇東坡。東坡一看信被退回，已非常不高興，再看後面還有「放屁」，更怒不可遏，卽刻渡江向和尙興師問罪。當東坡過江，到揚州見佛印，佛印已迎在寺門口，東坡正待破口大罵和尚無禮，不料和尚開懷大笑道：「八風吹不動，一屁過江來！」

「你居士心在何處？」東坡一聽，頓時弄得耳紅面赤，大叫和尚造業！

【〇六八】

譬如採花蜂，不壞色與香；

但取其味去，比丘入聚❶然。

〔一〕原典

《根本薩婆多部律攝》14。

〔二〕注釋

❶聚：聚落，即村落、人羣聚集的地方。

〔三〕今譯

正如採花的小蜜蜂一樣，
不會破壞花的美麗與花的芳香，
祇是採集它底花粉和香味；
比丘走入人羣聚集的地方，是爲了宏法度生，
「法喜」是他最大的收穫。

〔四〕釋義

這一偈子用蜜蜂採花來作譬喻，形容比丘爲傳播佛法，度救衆生，走到人羣中，以法施人，然後帶走的是「法施」的喜悅。一個做人師的人，面對一羣後生，得天下英才而教育，正如蜜蜂採花一般的滿足。

【〇六九】

佛不可思議，法不可思議；
若有信心者，功德不思議。

〔一〕原典

《善見律》〈毘婆沙〉第3。

〔二〕今譯

佛的境界不可思議（無法以衆生語言、思想來形容、判斷）；
佛的眞理不可思議（佛的教法，高深而玄妙也無法以語言、思想來形容）；
如果你對「佛法」建立了信心、皈命而能實踐，
這種功德也深得不可思議……。

〔三〕釋義

本偈主旨在說明「佛」的理境與「法」的深玄，都不是凡夫俗子、知識思想所能了解、想像的。以佛的境界而言，又不是菩薩所可以了知；因果的深理，也不是四果以下的聖者能夠究竟，何況還有更深邃的轉凡成聖的理論；但一般人只要對「佛法」能堅定信仰，便已獲益無限，對自己生命的影響也無限，因此功德也就不可思議！

【〇七〇】

非空非海中，非入山石間，
無有地方所，得脫宿罪殃。

〔一〕原　典

《毘奈耶》第5。

〔二〕今　譯

不管你躲到虛空、藏身到海底；
乃至不管你躲身到高山岩石縫裏；
世間沒有任何處所、任何安全窩，
能夠躲得掉前生罪業的追蹤。

〔三〕釋　義

本偈說明「因果報應」，宇宙之大，不管虛空、大海、山穴，都無法逃避；前生造的惡業，到瓜熟蒂落時，必然會結出罪果。自作自受，是「因果律」

的法則，沒有人能爲你承受它的責罰。

【〇七一】

愚人自覺愚，此名為智者；

愚者妄稱智，此謂之愚痴。

〔一〕原　典

《根本說一切有部毘奈耶》第3〈衆不差輒教授比丘尼學處〉第21之2。

〔二〕今　譯

沒有智慧的人自己體會本身欠缺智慧，這種行徑，已可稱之爲有智慧的人了；如果一個頭腦不清思想不明的人卻妄稱自己是智者，這個人卻剛好被稱之爲「愚痴」之輩。

〔三〕釋　義

世間充斥著認不淸自己面目的人，不僅有許多人「聰明反被聰明誤」，更有許多「愚夫愚婦」也妄自稱大，冒充「先知」；甚至有許多「傳道授法」的傳教師，他們以「大惑」行「小慧」，以「邪法」蔽「正道」，都是實質上的「痴愚」，卻自稱爲「智者」，在老子學說裏，可稱之爲「大盜」。

【〇七二】

忍❶是勤中上，能得涅槃❷處；
出家惱他人，不名為沙門❸。

〔一〕原　典

《根本說一切有部比丘尼戒經》。

〔二〕注　釋

❶忍：指六度中的「忍辱」度，佛陀在「因地」曾爲「忍辱仙人」。
❷涅槃：是梵語 nirvána 的音譯，義爲「寂滅」，是「眞如空境」。

❸沙門：梵語 srmana，又作「桑門、沙門那」。義譯爲「息心、淨志、貧道」。是早期印度出家人的通稱，不分佛道或外道。在這裏專指「佛門比丘」。

〔三〕今譯

「忍辱」是精勤於佛道者的最上乘法門，經由「忍辱度」，可以使一個修道者，抵達「涅槃」之境；一位出家人如果因不能忍辱、嗔怒而觸惱別人，這個人就不能稱之爲一位修行佛道的「沙門」了。

〔四〕釋義

本偈主旨在闡明「忍辱」度的重要性，六度中除③「忍辱」外，有①布施、②持戒、④精進、⑤禪定、⑥智慧。由「忍辱」度成就，再由此而入道證果。「忍辱度」通出家、在家二衆，尤其出家人不能適度修忍辱度，便有背「沙門」的形象了。

【〇七三】

不簡富與貧，無論良與賤；

但令美容貌，便亂女人心。

〔一〕原　典

《根本說一切有部毘奈耶》第1〈不淨行學處〉第1之3。

〔二〕今　譯

不管是出身富裕還是貧困，也不論是做人善良與行爲卑賤，只要你有一副俊美的容貌，便能惑亂許多女人的心！

〔三〕釋　義

本偈主旨，在反應衆生過分「迷信」形的美醜，執著「身見」。美女固能顛倒衆生，美男何嘗不然？佛法本不應以美醜作爲簡擇人的標準，無奈衆生心迷，財富、美貌，都形成世間的亂源。

【〇七四】

諸行皆無常，諸法悉無我；
寂靜卽涅槃❶，是名三法印❷。

〔一〕原典

《根本說一切有部毘奈耶》第9〈妄說自得上人法學處〉第4。

〔二〕注釋

❶寂靜卽涅槃：「涅槃」見前注。「寂靜」卽是「寂滅」同義詞，爲涅槃的義譯。

❷三法印：印，是以手指作種種象徵佛法的標示，如「手印」。又作「印證」，就某事經過核對眞相後得以證實。「三法印」，是早期佛法的三項眞理，卽①諸行無常，②諸法無我，③寂靜涅槃。

〔三〕今譯

世間一切有生有滅的現象都是非恒久的，一切事物都有變遷的、轉移的、異化的現象，而沒有主觀的、實質的我；透過上修佛道、斷惑去纏、直達無生無滅的涅槃境地，這就是佛家三項確定不移的眞理。

〔四〕釋 義

這一偈語是「諸行無常，諸法無我，寂滅涅槃」三法印的衍文，最後一句是肯定語。三法印是原始佛教最重要的理論架構。

【〇七五】

利養及名聞，愚人所愛樂；

能壞衆善法❶，如劍斬人頭。

〔一〕原 典

《根本說一切有部毘奈耶》第14〈破僧違諫學處〉第10。

〔二〕注 釋

❶善法：就是「善」的動機及行爲。

〔三〕今譯

富厚的經濟生活與普遍知名度，是沒有高度智慧的人所喜愛的；但是這「名、利」的網卻能損害一切爲善的動機與善行，就猶如一支利劍能斬斷衆生智慧的生命。

〔四〕釋義

本偈主要表達「名利」二字對一切善行的嚴重性損害。這種損害，透過「貪、瞋、痴」使衆生心更形惡化，對道心破壞尤甚。修道人如依然在「名聞、利養」中打滾而不能自省，是非常遺憾的事。

【〇七六】

人中大苦海，有情皆被溺；
能渡甚為難，誓作於舟筏。

〔一〕原典

《根本說一切有部毘奈耶藥事》第14。

〔二〕今　譯

〔生死輪迴〕是人間的無邊苦海，有情衆生都被苦海所滅頂而無法出頭了；要想渡過這片苦海可眞難啊！發心的菩薩們，卻發願要做渡過苦海的慈航。

〔三〕釋　義

本偈在說明「生死、輪迴、煩惱」是一片無窮無盡無邊無際的苦海，凡是陷在其中的人，是很難出頭的；但是佛菩薩們，由於願力，卻要誓作苦海渡人之舟。但是登上這條船的人，也必須要與佛菩薩合作〔修學佛道〕，才有緣泗到彼岸呢！

【〇七七】

所有布施者，必獲其義利；

若為樂布施，後必得安樂。

〔一〕原典

《根本說一切有部毘奈耶破僧事》第5。

〔二〕今譯

凡是能發心布施財物給需要協助的團體或個人的善士，他必然會於今生或來生獲得適當的福報；如果是他對布施出去的財物能心懷歡喜之情，將來也一定能得到身心的安詳與愉悅。

〔三〕釋義

本偈主旨在說行布施的人一定有正當的回饋，這在因果律上是必然的事，但是布施者在布施這件事上，如果不情不願，勉強從事，或布施出去的財物，心懷不捨、心生懊惱，在未來的福田上就大打折扣，甚至於根本喪失了「福田」。假如布施者在每次布施時能心生歡喜、心無罣礙，所獲得的果地上的回饋，就更大了。

【〇七八】

皆需作親友，羸弱及强者；

我見一野犴❶，從井救師子❷。

〔一〕原　典

《根本說一切有部毘奈耶破僧事》第19。

〔二〕注　釋

❶野犴：犴同豻，音ㄢˋ。野狗。但《大智度論．十四》作「野干」，認是「野狐」。

❷師子：同「獅子」。

〔三〕今　譯

在有情世界，彼此之間都需要作爲眷屬，結爲朋友，不管是弱者與弱者，强者與強者，強者與弱者之間，都要互相關懷；我（佛如來）曾見到一隻身同狐狸般的野狗，從一口枯井裏救出一頭被陷牢的獅子。

〔四〕釋　義

本偈主旨，說明在世間爲衆生，不管是強是弱，都是有互相關懷、互相協助的義務，不要小看了一隻野狗，也能拯救一隻被陷入井中的獅子。

【〇七九】

生時唯獨來，死時唯獨去；
遭苦唯獨受，輪迴唯獨行。

〔一〕原　典

《根本說一切有部毘奈耶雜事》第24。

〔二〕今　譯

一個人出生的時候，是他獨自地來了，當他死時也只有他自己獨自地走了；遭遇諸種苦難還是由他自己承擔，在生死輪迴這個大循環裏只有他在苦海中獨行……。

〔三〕釋義

本偈深刻地寫出衆生的神識，造惡惡報，作善善報，出入六道，做人做鬼、做畜生，都是孤伶伶地沒有人能代替，世間的一切親人，都只有望業海與嘆，只能同樂，不能同苦，是何等地無助與淒涼啊！

【〇八〇】

染欲❶是小過，愚者亦能除；
瞋痴❷是大殃，智者當速離。

〔一〕原典

《根本說一切有部毘奈耶雜事》第30。

〔二〕注　釋

❶染欲：指凡夫各種「佔有的習氣」，是各種小惡。這是指「貪」。

❷瞋痴：瞋，指衆生的「瞋恨心」。痴，指衆生的「執著、自以爲是、痴愚」。

〔三〕今　譯

貪欲算是衆生的較輕的過失，雖是缺乏智慧的人也能克除；瞋恨心、對事理不明，才是衆生的大害，凡是有智慧的衆生應該儘可能與它絕緣！

〔四〕釋　義

本偈在說生命中「貪、瞋、痴」之三毒，是生死煩惱的根源。三者之中，如果互作比較的話，「貪」還是小過失，在某種切膚情況下，還可以斷除，但是「瞋恨之心」，尤其是「痴愚」，根深柢固，就是大害了。這兩毒陷衆生於萬刼不覆之地，你稍有頭腦，就應該痛切地割掉它！

【〇八二】

多聞能知法，多聞能遠惡；
多聞捨無我，多聞得寂滅❶。

〔一〕原典

《瑜伽師地論》卷19〈本地分中、思所成地〉第11之4。

〔二〕注釋

❶寂滅：即證四果聖者的情境。為「涅槃」的義譯。

〔三〕今譯

多讀佛書、多聽說法，就能了解佛法的眞義了；多讀多聞，受到佛理熏染能使我們遠離不善的思想與行為；多讀多聞，能激發「捨無量心」，建立「無我」的大悲之情；多讀多聞，能產生智慧，因而精進修道，證得涅槃之果！

〔四〕釋義

本偈以「多聞」爲中心思想，告訴人們、尤其是知識份子，必須先從讀經、看佛書開始去了解佛法的深義，經過佛法的薰習，再斷除習氣、解纏去縛，證入佛道。

【〇八二】

名❶映於一切，無有過名者；
由此名一法，皆隨自在行。

〔一〕原典

《瑜伽師地論》卷65〈攝抉擇分中、思所成慧地〉之1。

〔二〕注釋

❶名：指「聲名」、「知名度」。亦即世間的「虛名」。

〔三〕今譯

世間的「虛名」能穿透衆生一切的行爲，惑亂衆生的心，沒有比「名」更具魔力了。經由「名」這一誘惑人心的東西，衆生的一舉一動都受到它底左右，而放任自己。

〔四〕釋 義

本偈僅說明「名聞」之毒害衆生心性，它衍生的問題是，衆生言行動靜，都會受到「名」的左右，聽「名」的擺佈，一切都由不得自己。「名、色、財、食、睡」，是「地獄五條根」，學佛人應該把「名」這一浮突的虛象消掉。

【〇八三】

非染非不染，非淨非不淨；
心性❶本淨故，由客塵❷所染。

〔一〕原 典

《辯中邊論》中〈辯相品〉第一。

〔二〕注釋

❶心性：就是「心的本體」、「清淨心」、「如來藏」。與「阿賴耶識、無明」相對。

❷客塵：客，是指「衆生心受外物干擾，而產生的煩惱」；塵，指「煩惱對心性有污染作用」。合言之，「客塵」就是因衆生不明白世間一切事物原理而衍生的一些污染自心的外來事物。

〔三〕今譯

〔衆生心性〕沒有「污染與不受污染」的問題，也沒有「清淨與非清淨」的分別；心性猶如明鏡本來清淨無一物，〔衆生沉迷〕皆因受到外在煩惱所侵襲！

〔四〕釋義

本偈主旨，在說明「心性」（衆生心之本體）本來無物，談不到「染與無染」、「淨與不淨」，但是衆生所以迷失不悟，只是肇因於「客塵」（例如受到「色、聲、香、味、觸、法」的惑亂）所熏染，才沉淪苦海，生死不已的。

【〇八四】

現前自然住，安立一切相；
智者不分別，得最上菩提❶。

〔一〕原典

《攝大乘論》中。

〔二〕注釋

❶菩提：梵語 bodhi，義爲「覺」或「道」。

〔三〕今譯

時間空間，到「此」無聲無臭停了腳步，花還是花、月還是月、天地山水依然現鏡中；只緣智者無人、無我、無相、沒有分別心，因此得證無上之道果。

〔四〕釋義

本偈談的是「悟」後的實相。「現前」、「自然住」，都屬於脫離時間、空間的情況，雖然「當下」寂然無爲，但「相」還是存在；心是「體」，「相」是境，互不相妨。只因爲智者「在世俗而不染」、「在空境而不著」，一無用心，也無這、那、彼、此，所以「他」也證得了最上的無生道。

【〇八五】

諸法心為本，諸法心最勝；
離心無諸法，唯心身口❶名。

〔一〕原典

《唯識論》。

〔二〕注釋

〔一〕❶心、身、口：即「身、口、意」。衆生爲善爲惡，皆「身、口、意」造作。

〔三〕今譯

「心」是世間一切現象的原動力，「心」是世間一切事物最強者；離開「心」外便無一切物，世間只餘「心、口與意」名字相。

〔四〕釋義

本偈旨意在說明「萬法唯心」之理，世間一切現象只是「心識」之所變現，除了「心」之外，事物便不會存在，世間只是「心、口、意」三業的活動成果，「心、口、意」也只是假名，不實在的妄相。

【〇八六】

有為❶及無為❷，二法俱無相；
以無有相故，二法則皆空。

〔一〕原典

《十二門論》〈觀緣門〉第3。

〔二〕注釋

❶有爲：即「有造作」，是世俗的一切現象，即「世間法」。

❷無爲：是「寂然不動」的眞理，無所造作，是「出世間法」。

〔三〕今譯

世間千差萬別相、超越世間的不生不滅相，這二種「事物」原本無有可尋相；正因「形上、形下」「有、無」一切都無相，不論「有爲」（世間）、「無爲」（出世間）皆空性。

〔四〕釋義

本偈在闡明「凡所有相」皆屬虛妄。一切現象界，有「成、住、壞、空」的變動，心念「有生、住、異、滅」的刹那；本體界則靈明不動、湛然如如，都沒有「相」可見；非可見的「相」，稱爲「空相」或「空性」。

【〇八七】

有相❶相不相，無相而不相；
離彼相不相，相為何所相？

〔一〕原　典

《十二門論》〈觀有相無相門〉第5。

〔二〕注　釋

❶相：指有知覺的世界，包括時間、空間、衆生的一切活動。

〔三〕今　譯

有物象的事物不是眞實的相；無相的寂靜本體當然也沒有痕迹可尋；如果拋棄那「有相」與「無相」的二重世界，「相」又在何處「安立」？又如何來顯示它的相狀？

〔四〕釋　義

本偈說明一切法空、實相，不是可以用「文字語言」表示的東西，這一偈，說明「有形象的事物」固然無法確定它的不變的相，無相的形而上境界也無法用相來表達，所以「實相」，其實不是用「相不相」可以示現；「相」到這裏已走到絕處。

【〇八八】

有無一時無，離無有亦無；
不離無有有，有則常應無。

〔一〕原　典

《十二門論》〈觀有無門〉第7。

〔二〕今　譯

「有」（形而下）、「無」（形而上）這兩種境界都同時無相狀；離開了「無」（形而上）、「有」（形而下）也還是一個「空寂」的場面；不離開「無有」的「有」（抽象的超越有無的有），這個「實際」的「有」，還是「空寂無物」的。

〔三〕釋義

本偈與前偈（有相相不相），同爲示現「實相」的方便法。「實相」「非有、非無」，有固然無，無也無；無有固無，卽使有超越世間的「無有」存在，但這種「存在有」還是無物可覓。佛性、眞如、實際就是這樣，一落言說，便沒有入處。

【〇八九】

般若波羅蜜❶，菩薩❷仁者❸母；
善方便❹為父，慈悲❺以為女。

〔一〕原典

《菩提資糧論》第1。

〔二〕注　釋

❶**般若波羅蜜**：般若，梵語作 prajñā，義爲智慧。波羅蜜，梵語作 pāramita，義爲「究竟、到彼岸」，簡義爲「度」。般若波羅蜜，就是「智慧度」，六度之一，也是六度最終的目的。

❷**菩薩**：梵語 Bodhisattva「菩提薩埵」的簡譯，Bodhi 是「覺」，Sattva 是有情（衆生），合稱「覺有情」。又稱爲「大道心衆生」、「覺悟了的衆生」。

❸**仁者**：是佛家人與人間的「敬稱」，意爲「具有仁德之心的人」。又稱「仁」。

❹**方便**：梵語 upāya 的義譯。音譯作「傴和」。方，就是方法，便，就是「運用」。結合而後，意爲「巧妙的方法與手段的運用」。

❺**慈悲**：慈是「與樂」，給別人的快樂；悲是「拔苦」，解除別人的苦難。慈是對一切衆生的平等愛，悲是對苦難衆生的救度情。

〔三〕今　譯

「般若波羅蜜」是智慧之法水，

猶如大心菩薩的親生母，
運用善巧方便猶如菩薩父，
無限慈悲是爲菩薩之愛女。

〔四〕**釋義**

本偈主旨在說明「般若波羅蜜」的偉大功德。透過「般若波羅蜜」（智慧到彼岸）能孕生菩薩渡世濟生的無限悲懷，所以說是「菩薩之母」。又因爲「菩薩道」與「聲聞道」偏重自度有所不同；菩薩有無限的悲願待履行，在實踐悲願的過程中，必須透過「入地獄、入畜生道，現各種衆生身」，才能參與衆生世界，所以這種「善巧方便」，成爲支持「菩薩行道」的主要力量，所以說「善方便」也被喻爲「菩薩之父」。菩薩以大悲心拔衆生苦，以大慈心遍與衆生樂，「慈悲是菩薩心所生，所以說是菩薩之女」。所謂「父、母、女」都是譬喻之詞。

【〇九〇】

大悲徹骨髓，為諸衆生依，
如父於一子，慈則遍一切。

〔一〕原典

《菩提資糧論》第3。

〔二〕今譯

大悲心，是〔菩薩〕對苦難衆生徹骨的同情，
菩薩的悲，是苦難衆生所共同依怙；
猶如一位父親愛他的獨子那樣深切，
而慈心則猶如陽光遍照大地一般、使衆生安穩、自在。

〔三〕釋義

本偈主旨在說明「菩薩大慈大悲」的形態。「大慈大悲」是平等的、無界限

的。不同世間的「愛」。世間的「愛」有對象、有親疏，是有限的。這就是「菩薩心與衆生心」不同之處。衆生能把「愛」昇華到「慈悲」境界，則必須透過對佛道的體悟，在語言文字上說慈說悲，畢竟還隔千層山、萬層嶺。

【〇九一】

諸法於識藏❶，識於法亦爾；
更互為因果，亦常為因性❷。

〔一〕原典

《攝大乘論》上《攝大乘論釋》第2。

〔二〕注釋

❶識藏：「阿賴耶識」的別名。又，「如來藏」與「無明」相結合而生「阿賴耶識」，衍生萬法。所以「如來藏」即「識藏」。「藏」音ㄗㄤˋ。有「聚積、集中保存」之意。「阿賴耶識」也稱「藏（ㄗㄤˋ）識」。藏，意爲「含藏」。

❷因性：就是「因」的源頭，或「因」的本體。

〔三〕今譯

世間一切事物（河山大地）都產生於阿賴耶識的變現，阿賴耶識對一切事物也是一樣，它是一切法所積現；一切法（一切事物）與阿賴耶識（識藏）它們是互為因果的，它們彼此之間不僅為互生的關係，而是雙方互生關係的因源。

〔四〕釋義

本偈係純就唯識法相學，說明「一切法」與「阿賴耶識」（識藏或藏識）的互動關係。就唯識學說，世間是衆生阿賴耶識所變現，而阿賴耶識也是衆生業力的反映（透過薰習、累積而形成）。因此，這就形成了因果關係。這就構成「我是你的母體，你是我的母體」，甚至互為「母體的母體」。至於解釋阿賴耶識如何變現世間，因理論複雜，不在本偈討論之列。

【〇九二】

藏識❶說名「心」，思量性名「意」；能了諸境相，是說名為「識」❷。

〔一〕原典

《成唯識論》第5。

〔二〕注釋

❶藏識：案「眼、耳、鼻、舌、身、意」爲前六識，加第七（末那）識，則本識爲「第八識」。餘請參考前注。

❷「識」：指「第七識」(mano-vijñāna)，意爲「思量」，又名「意識」。爲了與前六識的「意識」有所分別，所以稱「末那識」。

〔三〕今譯

「藏識」可以稱它爲「心」；那能夠「思考、評量」問題的性能，叫做「意」；另一方面又能分別一切現象、具有認知、反省作用的——我們稱它為「識」——第七識、末那識！

〔四〕釋　義

本偈之要旨，在判別「第八識」（藏識）與「第七識」（末那識）的含義。「藏識」，是佛家所說「帶污染」的無明種子，而第七識則是依賴它而具有對心物兩界「思量」、「了別」作用的一般所謂「潛意識」或「意識」。這第七識比那具有感覺作用的第六識的「意識」深一層，它有對「意識」再反省、分析的能力。

【〇九三】

諸法如火輪❶，變化夢幻事；
水月慧星響❷，陽燄❸及浮雲。

〔一〕原　典

《大乘廣百論·釋論》卷7。

〔二〕注釋

❶**火輪**：又名「旋火輪」，是印度古代玩幻術者，用「火炬」旋轉成「輪狀」的東西，「火輪」形容世間假相。其實看起來似有輪形，而實在沒有。

❷**水月、慧星、響**：「水月」，指水中的月影；「慧星」，指天文學上的「慧星」，有一掃帚形的尾光，俗名「掃帚星」，多年始出現一次，且一瞬卽逝。「響」，卽「音響」。這三者，都是指「無常、不定」的事物。

❸**陽燄**：就是春天早晨的陽光照在地面上，所浮現的一層幻燄，野鹿看來彷彿一片水。但走近一看卻什麼都沒有。

〔三〕今譯

世間一切現象猶如旋轉的火輪，都是無常的、變化的、如同夢幻的假相；也似水中之月、天際的慧星、山中的音響，又彷彿春晨的陽光幻化成水、入眼飛過的浮雲。

〔四〕釋義

這一偈語，表現的主題，亦如「金剛經」的「一切有爲法，如夢幻泡影，如露亦如電，應作如是觀」。都是假藉「現象」，說明世間一切相是變幻的、無常的、不確定的。由於世間相的生滅、變幻無常，所以提醒夢中的衆生，及早回頭，上求佛道，苦海是岸。

【〇九四】

善哉❶見善人，善哉見佛陀❷；
善哉聞法者，善哉能敬僧；
善哉此法門；滅除一切惡。

〔一〕原典

《僧伽吒經》第4。

〔二〕注釋

❶**善哉**：是「讚嘆詞」，意思是「太好了！」「太美了！」

❷佛陀：是 Buddha 的音譯之簡略。Buddha 全譯爲「佛陀耶」，簡爲「佛陀」，再中國化爲「佛」，意思是「覺悟生命眞理的聖者」。

〔三〕今譯

能遇到「善人」太好了！能見到「佛陀」太好了！能聽到「佛法」太好了！能敬禮「僧衆」太好了！這個偉大的佛法之門眞好，它能消滅世間一切惡。

〔四〕釋義

這是一首「讚美詩」形式的佛偈，前五句以「感嘆詞—善哉」來讚美「佛法僧」三寶，並且強調入「佛法僧」之門，便可消滅生命中的邪惡素質，而入於善境。

【〇九五】

比丘❶未得道，自言說得道；

天人中大賊，極惡破戒人；

是痴人身壞，常墮地獄中。

〔一〕原典

《十誦律》第49〈比丘尼〉增1之2。

〔二〕注釋

❶比丘：也叫「苾蒭」，梵語 bhiksu 的音譯，義爲「乞士」（乞食之人），指出家受戒的男子。

〔三〕今譯

當一位出家的比丘並沒有悟道，他卻對世人說—他已得道了，這個比丘就是天界、人間的大盜賊，也是佛道上最無品性的破戒之人；當這一痴愚的比丘生命走到盡頭，就會永遠墮在地獄道中。

〔四〕釋義

本偈在說明出家的比丘，打了「大妄語」，「未得言得」、「未證言證」；

一個比丘，甚至任何一個宗教師，本身沒有悟道，或僅僅見了一點「光影」就說自己得了道，自己是菩薩，是佛，是什麼佛菩薩應化，是佛道中的大忌，也違反了佛的大戒，是無可饒恕的，非墮地獄不可的，因爲他騙了衆生、誤導了衆生，非同小可。

【〇九六】

暴風鳥集飛，其行甚速疾；
一切衆生命，速疾過於此。
風行或迴旋，鳥去時有返；
命根❶既壞已，則無有還期。

〔一〕原典

《正法念處經》卷56〈觀天品〉之35。

〔二〕注釋

❶命根：指「血肉身體」（色）與「神識」（心）相結合，運作不息，稱爲「命根」。一口氣不來，「身體與神識」分離，稱爲「命根斷絕」。

〔三〕今譯

當暴風雨來時，一羣鳥在空中飛行，彷彿如矢如電一般快速；一切衆生的生命無常、短暫，比飛鳥在暴風雨中消失得更快；鳥兒在暴風中飛行有時還會借風力、還有回巢的機會，但是衆生的生命旣然死亡、腐朽了，便再也沒有復活之期了。

〔四〕釋義

這一首八言的偈語，以「暴風雨」中飛行的鳥羣作爲譬喻，以象徵生命無常，在瞬息間；鳥羣在暴風中飛行，快速無比，但遇到「迴風」，這羣鳥還有回巢的機會，但是一個生命當面臨死亡之後，色身旣壞——便再無回頭之期了。因此「意在言外」，奉勸佛道上的朋友，要多利用一切時間，努力修行，而不是「說食數寶」，與佛打個照面而已！

【〇九七】

莫與惡知識❶，與愚共從事，
當與善知識，智者而交通。
若人本無惡，親近於惡人，
後必成惡因，惡名遍天下。

〔一〕原典

《增一阿含》46〈放牛品〉49〈第四分別誦〉436節。

〔二〕注釋

❶知識：是「朋友」的異名。益友，稱爲「善知識」；損友，稱爲「惡知識」。又通稱「師友」，亦名「知識」。

〔三〕今譯

你千萬不要結交「思想、行爲」有問題的師友，也不要與「秉性痴愚」難與爲善的師友相共事；你應該結交一些心地開闊、思想正確、賢良方正的朋友，結交見解高遠、對佛道有見地的師友；如果一個人本來就很善良、沒有邪惡的傾向，可是當他親近了惡人、思想有問題的師師友友，以後便會種下了惡行的因子，終致日後惡名昭彰，猶如逐臭之夫了。

〔四〕**釋義**：

「善知識」，是佛學領域極常見的「名詞」，所謂「善知識」，就是「良師益友」；相反的，「惡知識」，則是不良的師友。本偈的寓意，猶如《傅玄箴》所謂「近朱者赤，近墨者黑」同樣意義。它告訴人們，結良師益友，薰習日久，精神生活自然日益入於善境；如交惡友，即使你「天性善良」，也難免「染墨日久」，成爲「黑牌人物」。何況因果森嚴，能不戒愼？

【〇九八】

遊於世俗禪❶，至竟不解脫；

不得滅盡❷跡，復墮於五欲❸。
無薪火不燃，無根枝不生；
石女❹無有胎，羅漢❺不受漏❻。

〔一〕原典

《增一阿含》46〈經品〉437節。

〔二〕注釋

❶**世俗禪**：即「世間禪」，指修「三界（欲、色、無色界）內禪定」，未能出離生死之法，故名。世俗禪的最高境界，為「非想非非想定」。

❷**滅盡**：即「滅盡定」。又名「滅受想定」。梵語 nirodhasa māpatti。修定至此，「心、心所」已經消盡，「眼、耳、鼻、舌、身、意」對外界已不再動心、心如止水，屬第四禪。「受、想」已滅。

❸**五欲**：指「色、聲、香、味、觸」，由「眼、耳、鼻、舌、身」所引起的五種欲念，稱為「五欲」。

❹**石女**：即「陰道」患閉鎖症的女子，不能人道，無法生兒育女。在古代患此種畸形症者，稱「石女」。現在可以透過外科手術，作「變性」爲男或爲女，改變「石女」的缺項。

❺**羅漢**：即「阿羅漢」，梵語Arhān的音譯，義爲「殺賊」，能殺煩惱之賊；又義「應供」，可當受人、天的供養。又義「不生」，指不再受生死果報；是出離生死的高位——四果。

❻**漏**：梵語「煩惱」（āsrava）的異名。意思是「流注漏泄」，一切衆生都會從「眼、耳、鼻、舌、身、意」六根大門，流出很多煩惱、痛苦，無盡無休。

〔三〕今譯

一個修習佛道的人，如果僅僅逗留在「世間禪」（所謂四禪八定）的層次裏，到最後還是無法解脫生死輪迴的；如果不能超越「滅盡定」——這世間定的最末一層，還會回墜到五欲的「色聲」世俗世界；（須知）沒有欲念的薪柴，火便不會燒起來；沒有根的樹，枝葉也不會茂盛地生長；不能人道的女子，永遠也不會受胎；所以超越了生死流的羅漢，他不必擔心「煩惱」爲他帶來無謂的困擾！

〔四〕釋義

這一偈，是純就修習佛道的過程，來提醒學佛人，不要剛剛見到了一點道的影子，就認爲自己已經解脫生死，就自以爲是「佛菩薩」了。須知，初步見道，距離證無生忍的羅漢還差得遠，而阿羅漢距離佛菩薩位，也還有十萬八千里。修習佛道，在「世間禪」（四禪八定）層面，是很多宗教修行的「共法」，比如「道教、印度教、天主教」也修定，「冥想」、「守丹田」、「聽音」，都是一種「禪定」的方法，但是超越了四禪八定，邁過「滅盡定」，才是的無生境界，這是佛教與其他宗教在層次上不同的地方，這也是所謂「不共」。換句話說，這一點是佛教與世間一切宗教哲學不同之處。這是佛教朋友應該確認、反省的事。

本偈第五、六、七三句，用「薪火」、「樹木」、「石女」做象徵，羅漢因爲已出了「四禪八定」、斷生死流，所以一切汚染對他也無可奈何了。就如同「沒有柴，火是燒不起來的」一樣，「柴」象徵業習，「火」象徵「欲念」。沒有「業習」，火就燒不起來。羅漢是斷盡業習的聖者，當然沒有煩惱。

【〇九九】

如人睡夢中，造作種種事，
雖經億千歲，一夜未終盡；
菩薩❶住法性❷，示現一切事，
無量劫❸可極，一念智可盡。

〔一〕原典

《八十華嚴經》卷59〈離世間品〉38之7、〈普賢菩薩頌〉。

〔二〕注釋

❶**菩薩**：梵語「菩提薩埵（Bodhdhisattva）的簡譯，唐以前舊譯爲「大道心衆生」，新譯作「覺有情」。見前註。

❷**法性**：是「萬事萬物（萬法）」的本來相狀。與實相、眞如、佛位、涅槃同義。

❸**刼**：梵語 kalpa，音譯作「劫簸」，義爲「長時」、「大時」，意思是「不是用數字

可以計算出的時間」。劫，有「大、中、小」之分，是從「無限長」的時間再分「層次大小」不同的等級。

〔三〕今譯

正猶如一個人在睡夢之中，經歷種種事故；在夢中雖然經過一生、經過千年萬載，等到做夢人醒來，天色依然未明。菩薩「停住」在空寂的法性之中，他也可以示現一切度生救世的種種行願，即使是無量刼久遠以前的事物，他可以瞭如指掌，他以一念間的智慧，可以了知衆生的一切心行。

〔四〕釋義

這首偈子前四句，是以「南柯夢」式譬喻，來比照「菩薩」住於「法性」之中，能示現一切行爲，救度一切衆生，能超越時間、空間、遍知法界一切心理、事相。一個人在短短幾十分鐘的夢中，可能經歷了一生，從出生、成長到死亡。彷彿像李公佐「南柯夢記」裏的人物淳于棼夢中做過南柯太守一樣；也好像從一粒沙含世界的味道；至於已證菩薩果位的聖者，住於「法位」，能在一剎那間，經歷三千大千世界事物，遍入一切衆生心行。

本偈也是說明了「萬法唯心」的至理，不過，前者是「衆生心」，後者是「菩薩法性」。

【一〇〇】

大悲徹骨髓，為諸衆生依；
如父於一子，慈則遍一切。
菩薩於衆生，不應得捨棄；
當隨力所堪，一切時攝受❶。

〔一〕原典

《菩提資糧論》第3。

〔二〕注釋

❶攝受：就是「攝持、接受」。意思是「菩薩對衆生的悲情，如父之愛子、母之愛女那

樣的——保護他、照顧他、關愛他、誘導他」，義有多重。

〔三〕今譯

菩薩的大悲，徹骨入髓，是一切有情衆生的依恃；菩薩的大慈，遍於一切衆生，猶如老父愛他的獨子。行菩薩道的人，對有情衆生，不應該捨棄任何一蟲一蟻；行菩薩道的人，應該盡自己力所能承擔的，在一切時中去關愛衆生、護持衆生。

〔四〕釋義

這首偈語，前四句說明菩薩的大慈大悲，愛衆生如子女，悲衆生入骨入髓；只要衆生虔誠精純地入佛道，菩薩必有感應；後四句說明「修學菩薩道」的人對任何苦難衆生，　都不該捨棄，不管你喜歡不喜歡，也不管他是任何族類，都該用自己一切力量，來救度。菩薩的心是無相的、無差等的慈悲。一個學佛的人，行菩薩道是他必走的過程，當他未證菩薩果位之前，他必須先學習、培養那顆「菩薩」的心！

【一〇一】

眾生隨愛想❶，以愛想而住；
以不知愛故，則為死方便❷。
若知所愛者，不於彼生愛；
彼此無所有，他人莫能說。

〔一〕原典

《雜阿含經》卷38〈1066經〉。

〔二〕注釋

❶愛想：與「愛著」同義。就是「對自己所愛的人、事，加以黏著放不下」的意念。

❷方便：方是「方法」，便是「利便」，「方便」意思是一種在助人行為上「節省時間、物力、財力」以達到目的的手段。

〔三〕今譯

衆生都是隨著「我愛」、「我喜歡」、「我以爲」、「我覺得」這種念頭跑的，當然也隨著這種「愛念」（尤其是男女的愛）而糾結不淸，而走東走西；因爲衆生不明「愛」是沉淪苦海的根源，所以就成了「出生入死」的捷徑。如果你明知那是你所愛的人（或事物），不去產生「生死相隨」的糾結；彼此之間在「愛」的畫面上，如鏡中觀花，不加以執著，那麼第三者也就不能「畫蛇添足」、貪慾心也就從此中斷了。

〔四〕**釋義**

這組偈語所表達的是「愛著」的強勢，能牽引衆生，出入苦海，永難出頭。如果你對「愛」的習性有深觀、對愛的對象不黏著，能不罣不礙，就不會形成世間法一切「生死相隨」的糾結了。佛典中講到「愛著」的地方很多，它是衆生的生死根源，斷它也難，不斷它苦惱更多。能不能以慧制愛，就看你的定力如何面對了！

【一〇三】

不行梵行❶故，不得年少財；
思惟古昔事，眠地如曲弓。
不修於梵行，不得年少財；
猶如老鵠鳥❷，守死於空池。

〔一〕原典

《雜阿含經》卷42〈1145經〉。

〔二〕注釋

❶**梵行**：梵，是梵語brahmā的音譯簡略，全譯作「梵摩」，意思是「寂靜、清淨、離欲」等。「梵行」，就是「斷淫欲」的修道生活。

❷**鵠鳥**：鵠，音ㄏㄨˋ。學名 Cygnus bewicki，爲一種白色、長頸、高腳之水鳥。又名天鵝。古「正字通」將「鵠」「鶴」混爲一種鳥。鵠鳥可泛譯爲「水鳥」。

〔三〕今譯

如果沒有及早修佛道，便會散失少年時代的財富（光陰）；等到晚年回憶千古事，死後不過佔地如一張弓那麼大罷了。

如果沒有及早修佛道，便會散失少年時代的「財富」；等到風燭殘年回首看，自己猶如一隻老水鳥，站在一片無水的枯池邊。

〔四〕釋義

本偈說明人生學佛不要等老來再修道，要修就要趁早在少年時修，否則便會浪費了大好光陰，等到老之將至，只有死亡等待你，別的一無所獲。

本偈寓意猶如古云：「少壯不努力，老大徒傷悲。」不過前者，在出世立場修道，後者在入世立場，為「立功、立德、立言」建碑記。

【一〇三】

假令千百劫，常齅❶種種香；

如海納衆流，而無有厭足。

觀色如聚沫，中無有堅實；

不可執持故，是名色三昧❷。

〔一〕原　典

《大寶積經》卷29〈文殊師利普門會〉第10。

〔二〕注　釋

❶齅：ㄒㄧㄡˋ，同嗅。

❷色三昧：色，指一切物質現象，凡物質現象都是脆弱的，不長久的，易毀滅的；「三昧」：梵語 samādhi，又譯作「三昧地、三摩地」，義爲「定、正定、專心一境」。「色三昧」，就是「觀物質現象無常」而證的「三昧」(定)。

〔三〕今　譯

卽使經過千劫百劫的時間，有人不斷地嗅種種香味，就如同大海吸納無數條河水一樣，永遠也沒有滿足的日子；

諦觀世間一切物質現象，猶如海上聚集的泡沫，泡沫裏是空的、是不能摸觸的；因此修這種「觀」的成就，稱爲「觀色三昧」。

〔四〕釋義

本偈前四句透過衆生對「香氣」的執著，聞香是「永遠不嫌棄」的，不管你面對「香氣」多麼長時間，都不會滿足；一方面是衆生的「貪欲」作祟，一方面是「香塵」使衆生帶來汚染。（香，是六塵之一。）後四句，說明透過「觀色」（觀一切相無常），日久也會成道，得「色三昧」。「觀色三昧」：例如「白骨觀」，也是「色三昧」的一種。因爲「白骨觀」觀成，卽是「觀色三昧」的成就。不管什麼物象，海上的泡沫也好，死人的白骨也好，在修道者反省中，都是無常的、脆弱的、瞬間卽滅的。

【一〇四】

欲心本無有，心相不可得，
由妄分別故，於身起男想。
中是實無男，我說如陽燄❶，
知男相寂靜，是名男三昧。

〔一〕原典

《大寶積經》卷29〈文殊師利普門會〉第10。

〔二〕注釋

❶陽燄：同前注。即「初春陽光照在地面，遠看彷彿水光」，使野生動物誤以爲水。「陽燄」比喻「幻影」，不實在的事物。

〔三〕今譯

淫欲心本來是沒有痕迹可見的，淫欲心的狀態也是無法描寫的，只是由於〔衆生〕有了分別心，對自己的「身根」才引起了「男性」的主觀的想法。其實在〔心地〕上實在是沒有「男相」可見，我確定地說「男相」的觀念有如「陽光」照在草原上，會瞬息消逝，如果瞭解到「男相」本質上是靜寂無痕的道理，就可以稱它證入「男三昧」了。

〔四〕釋義

本偈主旨，在說「淫欲心」是不實在的，「男子相」也只是「心」的分別作用；男女相，是就衆生心說的，在悟道人的心地上是沒有男相、女相的。如果一個修道人，能證入「男相」不實在，如陽燄，證入「男相」是寂靜不動的，就是入了「男相三昧」了。

本偈有如金剛經所云：「無男女相、無衆生相、無壽者相！」修道者能時時反照「欲心本無，男相不可得」，淫欲心就可以消失於無形，也就得悟「男相不可得」的「三昧」了。

「淫欲」是修道過程中的最大問題，這條根不斷，男女相不除，是無法入道的。

【一〇五】

常行於愛欲，未曾滿足時，
如渴飲鹹水，殊不能除渴。
如火焚草木，無有厭足時，

愛欲亦如是，終無有滿足。

〔一〕原　典

《大寶積經》卷76〈菩薩見實會〉第16之16〈四轉輪王品〉第26之5。

〔二〕今　譯

〔一個人〕如果經常陷溺在「愛欲」（性）的泥淖裏，就會永遠沒有滿足的日子；正如他口渴了去喝鹽水一樣，是絕對不能止渴的。淫欲的行爲也像大火焚燒草木一樣，對火來說，也永遠不會止熄；愛欲正像大火焚燒樹林一樣，永遠沒有滿足的一日。

〔三〕釋　義

本偈對衆生「淫欲」的行爲（習染）有深一層的發掘。經上說，愛欲是「永遠無法滿足的」一種習性，除非老死。它形容「淫欲」的念頭猶如大火，「淫欲」的行徑猶如火燒草木。衆生在淫欲中是無法適可而止的。以淫欲止淫欲，如人口渴去喝鹽水，只有更渴。那麼怎樣能熄止「淫欲」之火呢？那便只有精進修道，藉助道力，來轉化淫欲，用「觀照」來熄滅「淫欲」之念。除此別無他法。「斷熄淫欲」，在世間法、生物倫理上，是不可思議的事，但在入佛修道上，卻是最重要的一步。衆生學佛的難題不止一端，而「淫欲」是其中最難渡的一端。

【一〇六】

一切諸世間，生者皆歸死；
壽命雖無量，要必當有盡。
合會有別離，壯年不久停；
盛色病所侵，命為死所吞。

〔一〕原典

《大般涅槃經》卷2〈壽命品〉第1之2。

〔二〕今譯

宇宙間所有的星球世界上、一切的生物，凡是有生命的最後終歸會死亡；即使「天道」衆生的生命會到達極長極長的時間，可是最後仍然有「報盡」命終的一日。

〔衆生終歸會死的，〕相聚終必有離別，壯年也不會永久停留；強壯的身體也會受到疾病所侵害；衆生生命都會受到「死神」的呑噬。

〔三〕釋義

本偈旨在說明「生命無常」之理，不管你是「朝生夕死」的昆蟲，還是命長如「無色界」的天人，業報終了，終歸走上死亡的一途。不過三界六道的衆生，生命有長短的分別而已，但絕沒有「長生不老」的神話。「長生不老」是違背「生命法則」與邏輯理念的。古代的「神仙故事」，在今天來說，不過是茶餘飯後聊博一粲罷了。生命是沒有「屏障」的，身強力壯、少年頭，都會突然消失，所謂「人命在呼吸間」，是足以為世人警惕的！在佛典中描寫「生命無常」的理念很多，但所引用的譬喻、語法、寓意都各有不同。總體來說：「生命無常」（諸行無常），是佛家重要的思想綱領之一。

【一〇七】

如負少物者，渡水則不沒；
少惡業之人，上昇則不沉。
如鳥翅堅牢，行空無障礙；
持戒堅固者，則生於天中❶。

〔一〕原典

≪正法念處經≫卷36＜觀天品＞之15。

〔二〕注釋

❶天：指三界六道中的「天道」。天人所居的世界。

〔三〕今　譯

〔一個人〕如背較輕的東西，徒步渡水就不會淹死；惡業比較輕的人，上升的機會多，也不會沈淪到惡道。〔又比如〕一隻鳥的翅膀很堅壯，在空中飛行就會持久，飛得很快又順利；對〔一個持戒嚴謹〕的修道者來說，他卽使沒有悟道證果，也會升到天道之中。

〔四〕釋　義

本偈前四句主旨在說明「惡業重的人」，猶如背了大石頭游水渡河，一定會冒著滅頂的危險；「惡業輕」的人，不僅不會沈淪下三道，也有上升「善道」（天道）的極大機率。

後四句，用「鳥的強勁羽翼」，來象徵〔修道者〕的戒律堅定。持戒嚴的人，會升到「善道」，而不會墮落到惡道。「持戒」是所有學佛人的做人基礎，而不是只要求「出家人」去守戒，這一點是居士們要嚴格注意的。只要對佛法起了信仰，就要「持戒」。持「在家五戒」：卽是「不殺、不盜、不淫、不妄語、不飲酒」；如若環境不允許，也要在適度範圍內「方便」，而不可與「俗人」同調。其實，一個學佛人只要「信心堅固」，遵守五戒，是綽綽有餘的。

【一〇八】

一切天非天❶，不能斷業鎖；
生死鎖極長，首尾不可見。
若人依止惡❷，不名自愛身；
既不自愛身，世間更何愛？

〔一〕原典

《正法念處經》卷57〈觀天品〉之36。

〔二〕注釋

❶非天：卽「阿修羅」、介乎天道與人道之間的「凶神」。
❷依止惡：卽「與惡人爲伍」，依「惡人」爲師爲友。

〔三〕今譯

一切天界的衆生或非天界（阿修羅）的衆生，都無法切斷「業力」的枷鎖；「生死」這把大鎖非常、非常長，長到前不見鎖頭，後不見鎖尾；如果〔有人〕與惡人相結爲友，這個人就不知愛惜自己身體了；既不知自愛自身，在世間還有什麼事物是他所愛的呢？

〔四〕釋義

本偈前四句，說明「業力」的強大，三界六道，任何衆生也逃不出「業力」的巨掌；因爲有「業」，就有「生死」；生死線，無始無終——除非「業消盡、斷愛流」。
後四句則說明，人「不可以結交惡友」，如結交惡朋友，就是對自己過不去，就是「害自己」；連自己都害，還談什麼「世間」、「社會」。「愛」，必須由自愛起，擴展到世間，成爲大愛！

【一〇九】

須臾間作善，須臾作不善，
如是作無記❶，其心不可測。
心來不可知，心去不可識，
先無後時有，已有還復無。

〔一〕原典

≪正法念處經≫卷42∧觀天品∨之21。

〔二〕注釋

❶無記：就是「無善」也「無惡」的一些「中性」事物。因此「無記法」已超脫文字語言，成爲「無爲法」、「眞如」。

〔三〕今譯

〔心靈〕會在須臾之間冒出「善」的念頭，也會在瞬息之間作出「惡」的念頭；可是，這〔心〕或然間也會作一剎那「無善」或「無惡」的念頭，那麼這〔心〕的軌跡，眞是無法追蹤啊！那心念什麼時候出現不可預知、什麼時候走掉也無法辨識，「心」的軌道，起先是毫無徵象然後會突然飄出一絲訊息。念頭形成了，然後它又飄然而逝——眞是如花似霧呢！

〔四〕釋義

這一偈語，主要是描寫「心念」的不可捉摸。什麼時間想壞事，什麼時候想好事，都無法預測，有時是一片空白。它像白居易那首「花非花、霧非霧」、「夜半來，天明去，來如春夢幾多時，去似朝雲無覓處！」一樣神秘難測。「心念」的軌迹，來不知蹤、去不留痕，生生滅滅，滅滅生生，比鬼還難解難纏。學佛道上，最強的對手，就是「它」！

【一一〇】

假使熱鐵輪，在我頂上旋；
終不為此苦，而發於惡言。
假使熱鐵輪，在我頂上旋；
終不為此苦，毀聖及善人。

〔一〕原　典

《大方便佛報恩經》第3〈論議品〉第5。

〔二〕今　譯

如果有個燒得灼熱的鐵輪，在我頭頂上旋轉，隨時有燙死我的可能，但我始終不會因爲它而感覺痛苦，也不會發出怨言；如果有一個燒得灼熱的鐵輪，在我頭頂上旋轉，隨時有燙死我的可能，但我始終不會因爲它而感覺痛苦，也不會因此連帶去怨天尤人，去誹謗古昔聖賢的教示和善良的人！

〔三〕釋　義

本偈主旨在說明以「燒得灼熱的鐵輪」作爲象徵世間的一切「苦難、煩惱」，世人面臨這一生命巨大的壓力，感覺無限的痛苦，一般凡夫俗子，就難免怨天恨地，遷怒社會、遷怒他人、遷怒命運、其至遷怒古代聖賢，認爲他們留下來的教言，都是騙人的！連社會上一些「善良的人」也被遷怒，認爲他們「沽名釣譽」，無聊已極。人，因受痛苦、生命遇到龐大壓力，大多數會「憤憤不平」、「怨恨」他人。

但是「我」（這個行走在佛道上的旅人），不以苦爲苦，不會爲「生之悲憤」而汚衊先賢，而遷怒無辜。

【三】

以智慧利刀，砍伐於愛樹，
能伐愛樹人，得無上樂處。
若人遠離法，斯人內外空❶；
若人不樂法，不堅如水沫。

〔一〕原典

《正法念處經》卷57〈觀天品〉之37。

〔二〕注釋

❶內外空：內空，指「六根：眼、耳、鼻、舌、身、意」空；外空，指「色、聲、香、味、觸、法」空。合起來，「內外皆空」，即「無我、無我所」。

〔三〕今譯

如果〔有人〕能以智慧的利刀，從根砍伐掉愛慾之樹，那能痛下決心伐掉「愛慾之樹」的人，必將會得到無上的法樂！

如果有人〔能堅持道心〕切斷對世相所加予的干擾，此人必然已進入「內無我」、「外無法」的寂然之境；如果有人以排拒心面對世間相，那麼此人因有「法的厭離情結」，他的道心會像水上泡沫一樣脆弱！

〔四〕釋義

這一偈分兩個主旨，前四句，說明「愛欲」對道心的妨害超過一切，如果能切斷愛欲，才能進入「道」的深一層次。

「愛慾」是「萬法」的一個重點，是修道途中的一個染缸，那麼，一個修道人能「與法隔離」，這個人事實上已是初果以上的聖者了。相反地，你與法隔離並不表示你完全否定，你只是不黏著而已；如果你對「一切法」懷著排拒心情，是另一種黏著，如果這樣，你的道心也就不堪一擊了。

【一一三】

若人生百歲，不見水老鶴❶；
不如生一日，而得覩見之。
若人生百歲，不解生滅法❷，
不如生一日，而得解了之。

〔一〕原典

《付法藏因緣傳》卷2。

〔二〕注釋

❶水老鶴：今之白鷺，卽「老鵠鳥」。難得一見的水鳥。在本偈中牠是一種象徵。

❷生滅法：指世間一切現象，因爲凡世間相，都是此生彼滅的，不穩定的，無常的。

〔三〕今譯

有一僧說道：如果人生活在世間百歲，沒看過高貴的水邊的白鶴，還不如活在世上一天，能有幸看到這珍重的一景。

佛弟子阿難答：如果人生活在世間百歲，不能明白萬法原本生滅無常的道理，還不如活在世上一天，能夠了悟「諸行無常」的大道！

〔四〕釋義

本偈前一組，用水老鶴，比喻「人身難得」，似乎不當。這是一位比丘所誦。佛侍者阿難尊者當面糾正他，認爲他「不解深義，顚倒妄說」。於是阿難修正了他的偈語。阿難的偈語在形式上同前組一樣，只是換了一個「抽象詞組」—生滅法，這是佛門重要理念之一。因爲你能悟世間相是「生滅無常」的，你的道心就發動了，你就會知道「出離」的重要了。其實，「生滅法」正代表「佛法」，你如果能「眞正了解」佛道，你已經離「悟道」不遠了！

【一一三】

野干❶稱師子，自謂為獸王；
欲作師子❷吼，還出野干聲。
獨處於空林，自謂為獸王；
欲作師子吼，還出野干聲。
跪地求穴鼠❸，穿塚覓死屍，
欲作師子吼，還出野干聲。

〔一〕原典

《長阿含經》一・卷11〈15第二分・阿㝹夷經〉第11。

〈二〉注釋

❶野干：是一種野生動物，一說是「野狐」，一說是「野狼」，一說是「野狗」。在丁福保「佛學大辭典」釋為「野狐」；佛光山「阿含藏」，釋為「野狼」；文化大學「中文大辭典」釋為「野狗」。今從「野狐」說。

❷師子：即「獅子」。師，是「獅」的假借。

❸穴鼠：就是在野地穴居的老鼠。即「野鼠」。

〈三〉今譯

野狐牠冒充獅子，自稱是「獸中之王」；還要大聲吼出像獅子般的叫聲，但是結果還是吼出鳴鳴的狐狸的低鳴。野狐住在空曠的樹林裏，自稱是「獸中之王」，牠總要作獅子樣的吼聲，可是叫出來的聲音還是野狐狸的低鳴。野狐仆在地上到處尋找野鼠，希望幫牠鑽入墳墓覓死屍來充飢；牠大聲模仿獅子的震吼，叫出來的聲音依然還是野狐的哀鳴。

〈四〉釋義

這一組偈語，透過「野干」來象徵當時的外道（印度裸形外道）與佛法對比，顯示「外道」的法「不究竟」、「不圓滿」、「解決不了生死問題」，引領衆生走入另一個人生陷阱；師子，則象徵佛法，外道雖然自稱（或到處宣傳）它也是世間唯一的救世主，但是它的教法卻無法令人信服，彷彿像狐狸的叫聲，妄以爲自己是獅子的吼聲，是非常可笑的。

換句話說：野狐做的是「仿冒商標」，當然可以獲得少數人心理上的同情，但是它畢竟是慷他人之慨，「仿冒」無論如何也不是「眞品」！

【二一四】

若近惡知識❶，衆苦常不斷；
當受惡道苦，此苦不可說。
生必有別離，知識及兄弟；
別已不復會，是故名為死。
若人心念佛，是名善命人；

不離念佛故，是為「命中命」❷。

〔一〕原典

《正法念處經》卷57〈觀天品〉之37。

〔二〕注釋

❶惡知識：就是「壞朋友」。
❷命中命：就是「好命中的最好命人」。

〔三〕今譯

〔一個人〕如果接近壞朋友，痛苦就會不斷地纏著他，這樣的結果就會招致惡道的苦報，這種苦報將一言難盡。只要人生在世間，就一定有生離永別；甚至於朋友、兄弟，分別之後將不再相逢，這種情況就如同「死亡」！如果〔一個人〕專心念佛，這個人可以稱之爲「好命人」；如果他永遠不離佛號，這個人就是「好命中的最好命人」！

〔四〕釋義

這一組偈，第一偈告訴人不要交壞朋友，否則會薰染惡習，種下惡果，墮三惡道，受苦無窮。

第二偈，寫生離死別的「人生現象」，人與人間，生不相逢，卽等於永別；何況死別？人命在呼吸間，生命無常，能不及早修習佛道？

第三偈讚美「念佛的人是好命」，如果你永不離佛號，就是「好命中的好命」了。之所以好命，是因爲念佛能使你「離苦得樂」，了生脫死。

【一一五】

臨終不受苦，非見諸惡相；
手不摸虛空，脚足無蹤蹌❶；
便利絶漏失，身根不臭穢；
腹藏無膖脹❷，舌紅不彎縮；
眼目相儼然❸，命終顏不改；

如是身十種，福善清淨相❹。

〔一〕原典

《佛說大迦葉問大寶積正法經》第5。

〔二〕注釋

❶蹴踘：音ㄐㄧㄡˋㄊㄚˋ同「蹴踏」，就是踢來踢去。

❷膖脹：音ㄆㄥˊㄓㄤˋ。就是「腫脹」。

❸儼然：莊嚴的樣子。

❹清淨相：就是安詳、無染的樣子。

〔三〕今譯

〔如果〕一個人臨終的時候，沒有痛苦的折磨；也沒有見到很多牛鬼蛇神的幻相；雙手沒有向虛空中又抓又撓的痛苦表示；雙腳也沒有作掙扎的踢來踢去；大小便更沒有漏失得滿床；身體更沒有發出臭氣；肚子也沒有腫脹的現象；舌頭依然紅潤而沒有萎縮或僵曲；眼睛看起來還是自然正常；直到最後一口氣停止，面色始終都沒有改變（如同生時）；像以上十種象徵，這是〔念佛、學佛人〕臨終〔往生西方〕的福相、瑞相、淸淨相。

〔四〕釋義

這一首偈語十二句，前十句說明一個人臨終時的「安詳逝世」的表現，在佛典上說明是一種「瑞相」，只有「念佛」功深的人才會有；或「修持某一種法門」到一定功力的人，才能辦到。相反地，如果臨終「有痛苦、手足抽搐、肚腹膨脹、眼開舌吐，面如死灰」，就不是福德相、淸淨相，他的「神識脫體」一定不愉快。這一首偈，對學佛人極爲重要！

【二一六】

若人雖說法，不能如說行，此愚人空說，常受諸苦惱。
但若為他說，不能如說行，語堅而無我，名為空無心❶。
若為枷鎖縛，猶尚可斷壞，常求欲愛人，不能斷愛縛。

若人斷愛縛，而愛於常樂❷，斯人離愛境，行智慧境界。

〔一〕原典

《正法念處經》卷57〈觀天品〉之37。

〔二〕注釋

❶**空無心**：「空無」，指一切事物沒有自性（自我的特質），「空無心」雖則「對事物不著自性」，但落於「死空、偏空、心有空無」，而行無大悲。

❷**常樂**：世間的樂，是「六識」變幻無常的片刻之樂；只有證初果以上的聖者，學佛功深，內心才會湧起永不消失的法樂，稱為「常樂」。

〔三〕今譯

〔如果做一個宗教師（佛教的法師）〕雖然他能說法，但自己卻不能如說去實行，那麼這個人等於空口說白話，與愚人無異，他依然會受煩惱的纏縛。

如果這個人能為別人說法，自己卻不能實行（例如「慈、悲、喜、捨」四無量心」，話說得有條有理，也彷彿爲衆生、無我相的樣子，因爲他「有說無行」，所以他發的心，只是「心有空無」、「行無悲願」的口頭說教。

〔一個人〕如果被世間的枷鎖所綑綁，還有掙扎、斷脫的可能；但是一個迷於「愛欲」的人，就無法斷掉「愛」的繩索！如果一個人能斷除「愛的纏縛」，而能傾心於「常、樂、我、淨」的佛道，這個人已經脫離了愛的污染環境，做的是眞正有智慧的事情了！

〔四〕釋　義

這一長偈要旨可分爲兩組。前一組八句在說明一個會說法的人，除了會演說佛法利人，自己也要身體力行，不能空口說白話；空口說白話的人，本身並沒有斷除煩惱、消除業障，同時，他說法雖利了別人，但自己則等於「說食數寶」，自已空有一副「無我相」、「空無心」，卻沒有興起佛法的大悲大願。

後一組八句偈，在說明「愛欲」的強靭與纏縛，遠超過世間的枷鎖，一直沉迷在「愛欲中的人」，永遠也無法出頭；相反的，你能痛切地割斷「愛欲」

這條根，就會「離苦得樂」，就會心鏡淸明，就會無罣無礙！

【一一七】

〔一〕原典

雖不服染衣❶，心無所染著；
則於佛法中，是名真出家。
雖不除飾好，能斷諸結縛❷；
心無縛無解，是名真出家。
雖不受禁戒❸，心常離諸惡；
開定慧❹德行，是名真出家。
雖不受持法，能壞諸法故；
離一切法相❺，是名真出家。

《佛說華手經》卷9〈不退轉品〉第30。

〔二〕注　釋

❶**染衣**：義爲「壞色衣」、「經過灰水染過」，卽僧衣。

❷**結縛**：「煩惱」的別名。因爲煩惱能「縛衆生的身心、令人無法解脫」，所以稱「結縛」。

❸**禁戒**：就是佛門的「戒律」，因爲它能「禁非戒惡」，所以別稱「禁戒」。

❹**定慧**：卽「禪定」與「智慧」。

❺**法相**：世間一切不同的事物，它的本體相同，但樣態則各有不同；這由外形可見的事物，稱爲「一切法的相」。又「無爲、有爲」事物，均稱之爲「法相」。

〔三〕今　譯

一、〔一個人〕雖然沒有穿僧衣，但是卻沒有被世間的「財、色、名、食」所污染；這個人在佛法上，就可稱他爲「眞正的出家人」了。

二、〔一個人〕雖然沒有除去身上帶的金玉美飾，但是他能斷除一切煩惱和纏結；正因爲他的心已經沒有結、也沒有結可解，這就可稱他是「眞正的出家人」了！

三、「一個人」雖然沒有受過比丘的大戒，但是他的心地卻早已遠離了一切惡行；而且他已打開了「定、慧」雙重的德行之門，這就可稱他是「眞正的出家人」了！

四、「一個人」雖沒有嚴格地奉持佛法，但是因爲一切世間塵勞對他已不發生作用；他已不執著一切世間相，這個人就可稱他是一個「眞正的出家人」了！

〔四〕釋義

這組偈語，主旨在說明一個人是否能「眞正」出家，並不在「形象」或「名份」，而在他對「現象」是否能不黏不著，他的心是否對一切名利聲色有罣礙；如果有的話，雖身穿染色衣（僧衣），受過三壇大戒、有高深的佛法造詣，也不能算「眞出家」。這可稱他爲「身出家、心未出家」；如果沒有罣礙、沒有黏著，卽使你穿西裝彩裙、穿金戴玉、未受戒法、不明佛法玄理，但是你的「心」都做到了，這我們可稱他爲「身未出家、心已出家」，也算一個眞正的出家人！至於「身心俱出家」，那就是佛門的大德了！

【二一八】

我昔所造諸惡業❶，皆由無始貪瞋痴❷；
從身語意❸之所生，一切我今皆懺悔。

〔一〕原典

《四十華嚴經》卷40〈普賢行願品〉。

〔二〕注釋

❶**惡業**：業，梵文 karma，意思是造作、作爲。惡業，就是一切不善的行爲。

❷**貪瞋痴**：就是衆生生命來源中的三毒，貪指「貪欲」、瞋指「瞋恨」、痴指「執著」，合而言之，便是無明的具體化。

❸**身語意**：身指肢體、語指語言、意指心理行爲，合稱「三業」。

〔三〕今譯

我過去以來，所作的數不清的損害他人的不善行爲，這都是由「無始以來」累積的「貪欲、瞋恨、痴愚執著」所誤導；這些都是從我的肢體、語言、心理所產生的惡行，這一切從今以後我都要徹底懺悔自己的過錯，永不再犯。

〔四〕釋義

這首偈語，見於「平日晚課」作爲「懺悔」用的。也是「普賢菩薩」願行中最重要的銘言。一個人犯錯，必須透過懺悔，才能建立新的生命。佛門在很多修行的功課上，都有這一首偈子，以提醒人們，除惡存善。

【一一九】

信❶為道元❷功德母，長養一切諸善法；
斷除疑網出愛流，開示涅槃❸無上道。

〔一〕原典

≪八十華嚴經≫卷14＜賢首品＞12之1＜賢首菩薩偈＞。

〔二〕注釋

❶信：指「信仰」、「虔誠的態度」。

❷道元：指「佛道的根源」。「元」通「源」。

❸涅槃：梵語 nirvāna 意思是「寂滅」，就是阿羅漢以上的聖果。

〔三〕今譯

「堅定不移的信仰」，是佛道的根源、是有利社會功德的母體，它可以生長、滋養一切善的行爲與鼓勵人生之向上；它能斷除一切對佛道懷疑的細網，而能躍身脫出愛慾的橫流，最後能開展示現成佛的無上道果。

〔四〕釋義

這首偈子被古今高僧大德引用最多。弘一大師也經常書寫這四句偈來接引世人。

這首偈特別強調「信」的重要；一個人有緣能認同佛法，但仍徘徊在半信半疑的路上，是非常不智的。佛法對這一類衆生，稱之爲「邊地人」。既然對佛法有徹底認識，再加以身心皈依的話，「信」便是最重要的奉獻了。印光大師告誡淨土行人，要「信、願、行」三者俱足。有了「信心」才能發願，再付諸實行。

老實說：今天信佛人多得成千成萬，但是能眞正以全生命投入信仰的，究竟有多少？你捫心自問，你對佛法信仰幾分？你對因果業報全部接受嗎？

【二〇】

一切戲論❶從心起，不應分別法非法❷；

如是見法不思議，彼人處世常安樂。

〔一〕原　典

《大寶積經》卷90〈優波離會〉第24。

〔二〕注　釋

❶戲論：就是「不合正理、言不及義」的一些閒言閒語、幽默滑稽、淫語、妄語、神話

等等語言。這些話，有違佛法，沒有實義，彷彿戲劇中人語，所以稱「戲論」。又，戲論也可釋爲「假象」。世間現象都是戲論，都是假象。

❷法、非法：法，是泛指一切事物。非法，是「法」的否定詞。舉例：山是法，水是法；非山非水，就是非法。就名字上說：「有」是法，「空」是非法。

〔三〕今譯

世間「眞眞假假、是是非非」都是衆生心上所現的浮影，因此不應分別何者是山、何者是水，何者非山非水；如能靜觀世間一切事物都有微妙意，此人雖處五濁世間心自常安樂。

〔四〕釋義

這一偈主旨在說「世間法」都是「相對」的浮影，例如說：眞啊，假啊，是啊，非啊，你啊我啊，名啊利啊，這些東西都是「法唯心現」，不管它是正面的、負面的、眞實的、虛幻的，你都不要起分別心，如能做到「靜觀萬物皆自得」的妙處，你就沒有煩惱、會「常樂我淨」了。也就是說，世間一切施設，都是假相，但假相也就是眞相、實相，「春城無處不飛花」，這是修佛者的態度！

【一三】

佛以一音❶演說法，衆生隨類各得解；
皆謂世尊❷同其語，斯則神力不共法❸❹。

〔一〕原典

《維摩詰所說經》上〈佛國品〉。

〔二〕注釋

❶一音：就是「一種音聲、一種語言」。
❷世尊：佛十號之一。所謂「世尊」，就是「世間最尊」，是一種敬稱。
❸不共法：就是「不同類，不同層次的能力」或「事物」。
❹又《大寶積經》62〈阿修羅受記品〉3，本偈重出，前兩句相同，後二句作「稱意所欲知其義，斯得如來不共相。」

〔三〕今譯

佛以一種音聲、一種語言演說微妙法，各種各類衆生聽後都能會悟解眞義，

他們都說「世尊」語音「是我家鄉話」，這是佛力與諸一切神靈不同處。

〔四〕釋義

本偈旨在說明「佛的神力」與一切道、一切超越形象的靈不同，不僅一般衆生做不到，三界內神祇也做不到。佛的語意，不僅印度人聽後了解，地球上各族各種人也了解；人聽後了解、蛇蟲走獸聽後也了解；鬼神聽了了解、木石無情物也了解。三千大千世界一切衆生聽後都了解佛所說的是甚麼？而且他們都認爲佛說的正是他們自己國度的話。

佛的能力無範疇，不可思議，只有佛與佛間才能彼此會通。

【一二三】

阿陀那識❶甚深細，我於凡愚不開演；

一切種子❷如瀑流，恐彼分別執為我❸。

〔一〕原典

《解深密經》卷1〈勝義諦相品〉第2。

〔二〕注釋

❶**阿陀那識**：梵語 adāna，是阿賴耶（第八識）的別名。意思是「執著」。

❷**種子**：對阿賴耶識(第八識)的功能來說，它彷彿植物的種籽，能不斷的生長下一代。阿賴耶識也是一樣，能不斷吸收，再產生「善惡」一切功能。所以稱它爲「種子識」。

❸**《攝大乘論》上**：本偈作「阿陀那識甚深細，一切種子如瀑流；我於凡愚不開演，恐彼分別執爲我。」

〔三〕今譯

第八識（俗稱「靈魂」）的功能面目極爲深玄而微細；我（佛陀自稱）對一般凡愚之人無法說明其眞相；一切生命種子猶如瀑流飛落千山外，我怕凡夫錯把假合業身誤爲眞自我。

〔四〕釋義

《解深密經》，是專講「唯識」的經典，它說明「生命爲識所變現」；「識」分爲前五「眼耳鼻舌身」，第六識爲「意識」，第七識爲「末那」（潛意識、思量識），第八識爲「種子識」。衆生的一切善惡的積習都不斷地在這裏加加減減，形成一種永遠不滅的功能。它像急流一樣，從無始以來，流向生命未來。它是種子，也是花果；它包藏衆生一切的「禍福吉凶、美醜善惡」。這第八識（阿陀那識）面目複雜深細極難分析，所以佛說，無法與凡夫共享。可是凡夫都執它爲「我」。

【一二三】

譬如大樹衆鳥羣，各從諸方來共宿；

後日別飛各自去，衆生別離亦復然。

〔一〕原　典

《佛本行集經》卷18〈剃髮染衣品〉22下。

〔二〕今　譯

〔二〕猶如一棵大樹招引衆鳥羣，牠們遠從各地飛來棲一枝；

次日隨緣各自分飛相離去，三界衆生「死別生離」也像羣鳥樣。

〔三〕**釋義**

這一偈語「言淺而意深」；它旨在說明「生離死別」是世間「八苦」之一。今生雖親如「父子、夫妻、兄弟、朋友」，但也逃不過生命的大手，一朝永別，縱是三災五劫，難以相會。鳥羣棲止在一棵大樹上，明朝再各自分飛，人生如寄，與鳥何異？

【一二四】

世間罕見知足人，小欲無求不受苦；

所有哭泣恩愛者，多是貪著聚資財。

〔一〕**原典**

《佛本行集經》卷21〈王使往還品〉下。

〔二〕今譯

世間極少看到「知足」的人，如能降低欲望便不會受苦；所有在靈堂哭泣死者披麻帶孝人，有多少不是貪著死者的遺產？

〔三〕釋義

這一幕是活生生的「浮世繪」。世間有多少死亡的喪禮背後，不是隱藏著爭奪死者遺產糾紛、甚至對簿公堂？不管是妻、是子，在表面上說的是恩愛與孝道，眞正能爲死者安靈的，又有幾人！這一幕呈現人類爲「貪欲」的不擇手段、不擇場地，最爲可厭！

【二五】

已斷生死諸慾流，已得梵行❶自利益；
所作悉已皆成辦，更不受於後有生❷。

〔一〕原典

《佛本行集經》卷42〈迦葉三兄弟品〉下。

〔二〕注釋

❶梵行：梵，原文爲 brahmā，意爲「清淨」。在某些地方，指色界的「梵天」。

❷後有：指「未來的果報」，或「後一生的生命」。

〔三〕今譯

如能已斷生死海中三毒（貪瞋痴）之流水，並且已從清淨的修持獲得佛法之利益；應修已修，該了已了，一切道果皆具備，從此不再投胎轉世沉淪入苦海。

〔四〕釋義

本偈在《阿含經》本爲「四言偈」：原文是「我生已盡，梵行已立，所作已辦，不受後有。」到本經中已衍生爲「七言偈」。且被引用的經典甚多。這是以「簡單的偈語」來說明「修道成果進程」的大綱。

學佛就是要「斷煩惱、立梵行、成佛道、了生死。」

【一二六】

若於正法❶不了知，彼人卽昧真聖道❷；
汝於邪法❸堅執著，決定當墮諸惡趣❹。

〔一〕原典

《大乘菩薩藏正法經》26〈精進波羅蜜多品〉第9之2。

〔二〕注釋

❶正法：指「佛法」、「正確的敎法、眞理」。

❷聖道：指「佛道」。止於至善的理境。

❸邪法：指「有損衆生身心的敎法」，指「不正確、危害衆生」的法門。

❹惡趣：就是「惡道」。指「畜生、地獄、餓鬼」三種生命的情境！

〔三〕今譯

如果有人不瞭解正確的佛陀教法，此人便對眞正的超凡入聖之途茫然無知；如果你對損害衆生身心的邪迷教門再堅持到底，恐怕肯定地就要墮落到三途惡道去了！

〔四〕**釋　義**

本偈直截了當地告訴你：你應該建立「正確知識與見地」，尤其當你信仰某一宗教時，不可盲目。如果你信奉一種指引衆生「出離苦難、解除煩惱」的究竟教法，必然會解決人生無窮的苦惱問題，最後終成「聖果」，否則，信了「邪道」：不究竟、不徹底，而以滿足你一時好奇心、神秘感、坐直升機的衝動，信那種教法，皈依那種宗教師，雖然他甜言蜜語，自我膨脹吹噓，但必使你走上墮落三途的命運！那種「宗教師」，他以曖昧的、以欲念引誘信衆的手法，其目的是隱藏的，其實不過是爲他自己的財富與被萬人造神而滿足其「自大狂」而造勢。

〔一二七〕

如來憶念無量世，若自若他善惡業；
明見無量劫中事，猶觀掌中菴羅果❶。

〔一〕原典

《大集經》〈陀羅尼自在菩薩品〉第2之3。

〔二〕注釋

❶菴羅果：又作「菴摩羅果」。印度一種水果名，梵語 āmra，形如中國的「林檎」。略小於美國李子。此果與「菴摩勒果」(amala) 略似檳榔。佛陀在經中，以「手中放一枚菴羅果」作譬喻，佛眼看無量劫事，猶如看手中的菴羅果一樣清楚。

〔三〕今譯

佛如來以「神通力」去「觀照」無量數的世界，不管是佛自身還是一切眾生多生以來所作的善行與惡行，都能夠清清楚楚地看到無量劫以來所發生的一切事，就彷彿觀看手中一枚「菴摩羅果」一般清楚、仔細。

〔四〕釋義

本偈主要在說明「佛力」無限制、不可思議；佛眼看無量世界、無量光年的衆生，他們生命中無始來所發生的事，都會清清楚楚，沒有阻礙。佛的能力超越時間與空間，因此，虔誠信仰佛法，必有感應，也會轉移業報。

【一二八】

如來❶永斷諸漏結❷，以及無邊諸習氣❸；
是故世法❹不能污，如華❺處水泥不著。

〔一〕原典

《大集經》〈陀羅尼自在菩薩品〉第2之3。

〔二〕注釋

❶**如來**：爲「佛」的十項尊號之一。是Tathāgata（多陀阿伽陀）的意譯，意思是「如實而來」，所以稱「如來」。

❷**漏結**：漏與結爲同義結合詞，是「煩惱」的異名。梵語 āsrava，意思是「流注漏泄」。比喻人類由「眼、耳、鼻、舌、身、意」日夜流出無窮煩惱，所以稱「漏」，又由於這些「煩惱」在心中糾纏，所以叫「結」。

❸**習氣**：指衆生由「無明」衍生「煩惱」，再由「煩惱」衍生難改的習性，稱爲「習氣」。

❹**世法**：指「世間的一切設施」，包括物質、心理一切形態的事物。

❺**華**：即今「花」字。

〔三〕今譯

佛陀已經永遠斷除諸煩惱，
同時消盡無邊細微的習氣；
因此世間一切汚染難入侵，
彷彿蓮花長在水中長清淨。

〔四〕釋義

本偈主旨在說明一個衆生有朝證入「佛」的果位：一、將不再有任何煩惱；

二、由煩惱（歷生累積的慣性行爲）衍生的習氣（比如有人愛嘮叨、愛生氣、古怪脾氣）也一併消盡；三、成佛後，世間任何污染（例如煙、酒、財、色、貪、瞋、固執、自以爲是）都不再能入侵；四、也就是說，成佛之後，佛體「清淨無礙」，能力也無限。因此佛典常以「蓮花」形容佛的聖潔無瑕！

【一二九】

我❶真實知八正道❷，能永遠離破諸苦；
汝等真實不能知，無以狐身師子吼❸。

〔一〕原典

《大集經》卷19〈寶幢分第9魔苦品〉第1。

〔二〕注釋

❶我：是釋迦自稱。

❷八正道：又指「八聖道」。指「正見、正思惟、正語、正業、正命、正精進、正念、正定」八項正確的生理、心理、精神、物質的修道活動。最後一項進入「正定」，指入「滅盡定」後出生死。

❸師子吼：又作「獅子吼」。獅子是獸中之王，譬喻佛法的境界。「獅子吼」，象徵佛陀說法，他的聲音可以震動三界，猶如獅子的吼聲。

〔三〕今譯

我（釋迦）是眞眞實實地確知「八正道」的功能。你只要修行這八項正確的教法，便會永遠破除一切苦難；但是你們（外道們）依然不能確知八正道的不可歪曲與不可添加性，所以你們（有意篡改八正道內容的人們）別以「狐狸」的身份冒充「獅子」的震吼！

〔四〕釋義

本偈在經中告誡的對象，是「魔」（破壞佛法，貪圖自己利益的人）；「八正道」，本是佛教修行人從做人到修道的綱領，可是就有人曲解，做「不正業」，行「不正命」，修「不正定」來使佛法變質，所以佛說，不要以野狐的叫聲當作獅子的震吼！

【一三〇】

以諸惡心因緣❶故，流轉生老病死者；

以不親近善知識，是故不能到彼岸❷。

〔一〕原　典

《大集經》卷33〈日密分中分別品〉第4之2。

〔二〕注　釋

❶因緣：一件事物的產生，主要的第一條件與勢力爲「因」，次要條件與助力爲緣。例如一株麥苗的生長，以「種子」爲「因」，以「陽光、空氣、雨水、農夫」爲「緣」。彼此結合而成物，其他事物以此類推。

❷彼岸：梵語 pāra，音譯作「波羅」，就是「那一邊」；生死輪迴，屬於衆生的事，

但此岸，是這一邊；成佛了生死，譬喻爲「彼岸」（那一邊）。

〔三〕今譯

由於心地不善而造作惡業的緣故，那些在「生、老、病、死」中流浪的衆生，因爲他們不去親近有益的師友、去學佛修道，所以永遠不能回到脫離苦海的「彼岸」。

〔四〕釋義

本偈佛陀告訴我們：有許多心地不良的衆生，因爲造作惡業，所以流轉世間，沉淪三界；又由於不能接近佛道上的師友，便與佛道絕緣。因此，信仰佛道的人，不要忘了，親近善知識，是非常重要的入道助緣！

【一三】

難見導師❶今已見，難得人身今已得；
難遇善友今逢值，難聞正法今得聞。

〔一〕原　典

《大集經》卷40〈日藏分佛現神通品〉第7。

〔二〕注　釋

❶導師：能夠引導衆生進入佛道、了脫生死的聖者。爲「佛、菩薩」的通稱。

〔三〕今　譯

〔在「無量劫」的苦海裏，〕很多衆生是很難遇到佛陀住世的，可是我們今天卻見到了佛陀住世；

〔在漫長的宇宙時間裏，〕人身是很難得的，可是我們如今也得了人身；在世間最難遇的是益友、善友，今天我們也有幸遇到了；

佛法在世間，也是千年萬世、很難聽到的，今天我們也聽到了佛的教法，領略到法味了！眞太幸運了！

〔四〕釋　義

在無限的宇宙海裏，時間無限，空間無垠，衆生輪迴六道，苦海頭出頭沒，老實說，能有幸遇到佛陀住世、而又獲得短暫的人身，再接觸到接引你入佛門的師友，然後更聽聞佛法，是千載難逢的事；佛經比作「盲龜遇浮孔」；但是今天我們竟然有緣都「見到、得到、遇到、聽到」了，所以更要努力奉行，不要失之交臂。

【一三三】

唯佛盡除諸煩惱，唯佛能化諸世間；
唯佛能燃正法❶燈，三界❷中最我歸依❸。

〔一〕原典

《大集經》卷47〈月藏分第14、魔王波旬詣佛所品〉第2。

〔二〕注釋

❶正法：見前注。

❷**三界**：佛家宇宙觀，按照衆生道德境界的層次，所劃分的世界。卽欲界、色界、無色界。這三界共有「二十八天」（二十八個天道世界）。

❸**歸依**：同「皈依」，意思是「皈投、依靠」。與「南無」namo 略有不同。南無，意爲「歸命」，亦含「皈依」義。

〔三〕今譯

在茫茫的苦海裏，唯有佛能消盡一切煩惱；唯有佛才能敎化一切世間的衆生出苦得樂；也唯有佛能點燃「正法」的明燈，爲衆生引路；因此，佛是三界中最爲慈悲的聖者，也是我所要皈依的老師！

〔四〕釋義

這一偈，旨在突出「佛陀」不同於世間一般的聖賢、一般的宗敎師；只有佛法才能徹底解決「生死」問題，佛法提出的淨化生命的理論，足可證明佛法之與一般宗敎的「不同」，之與一般仙道理論「走到中途」停止之不究竟也不一樣。一個人面對問題，不管大小，都應該「徹底解決」，走路不能走到一半，就中途停止；而佛法對宇宙現象、人生問題，提出的解決方案，則是

「徹底」的、「善巧」的、「苦口婆心」的、不含「興奮劑」的、沒有「附加條件」的！佛是無緣的大慈者、同體的大悲者，他是我們出離苦海的唯一燈塔！

【一三三】

天上世間無如佛，十方世界亦無有；世界所有悉能見，無有能及如佛者❶。

〔一〕原典

《撰集百緣經》卷10〈諸緣品〉第10〈醜陋比丘緣〉。

〔二〕注釋

❶《日常課誦》引《佛本行經》4〈受決定記‧下〉。〈贊佛偈〉則作「天上天下無如佛，十方世界亦無比；世間所有我盡見，一切無有如佛者。」

〔三〕今譯

在天界、人間沒有任何神聖、凡夫能像佛一樣功德如山的，在十方世界、宇宙海裏，也沒有任何地方會出現佛一樣的衆生；在宇宙裏發生的事物，佛眼完全能清清楚楚地照到，宇宙沒有任何層次的神聖、衆生能像佛一樣的聖者！

〔四〕釋義

這一偈語，已收於佛門《早課》、《心經》的後面＜讚頌語＞。本偈同樣說明佛的功德，如果衆生經由修習佛道而成聖果，也會像佛一樣；所謂「心佛衆生，三無差別」，這就要看有緣入佛門的人，如何來實踐佛道了！

【一三四】

若人撾❶罵不還報，於嫌恨人心不恨；
於瞋人中心常淨，見人為惡自不作。

〔一〕原典

《十誦律比丘波羅提木叉戒本》。

〔二〕注釋

❶撾：音ㄍㄨㄛ、ㄓㄨㄚ。就是「打」的意思。

〔三〕今譯

如果有人打你罵你不還報，對那厭你、恨你之人你心也不恨；
處身一羣瞋恨人中心地常清淨，見人作惡潔身自愛永不作。

〔四〕釋義

本偈出於律典，主要告訴出家人要做到「心存慈悲」，遭到「不公正的欺凌」不加還報，對惡人不加記恨，見惡絕不隨喜。這一方面是修「忍辱度」，同時更是清淨自己心地的逆增上法。佛陀不僅告誡比丘要如此，一般世人也要有此胸襟，容納不同的異己。

【一三五】

無上甚深微妙法，百千萬劫❶難遭遇；
我今見聞得受持，願解如來❷眞實義。

〔一〕原典

《禪門日課》〈開經偈〉。

〔二〕注釋

❶劫：梵語 kalpa 的音譯簡稱。見前注。
❷如來：見前注。

〔三〕今譯

無與倫比的深奧的玄妙的佛法，
是衆生在千萬劫以來難以遇到的；
但是我有幸卻在今天得聞佛法、而且又能受持佛法，
因此我願意以最大的心願去了解佛陀所教示的眞實諦理。

〔四〕釋義

這首偈見於佛門常誦的日課，也見於四月八日「釋迦佛」聖誕祝儀中。與前∧第133偈∨讚頌佛功德的內容，大同小異，但都具有不同的重要性，所以引錄。

本偈除了「微妙佛法、千萬劫難遇」之外，更進一步勉勵學佛人，既已見聞佛法了，更要精進不懈，去深解佛法高深大義，並依之實行，以期出離生死。

【一三六】

我佛所說真實法，一切有為❶皆無常；

於諸法中皆無我，是不堅固非常住。

又復諸行❷皆造作，體不實故空復空；

愚夫痴迷堅執著，於幻法中生動亂。

〔一〕原典

《大乘菩薩藏正法經》26〈精進波羅蜜多品〉第9之2。

〔二〕注　釋

❶有爲：與「無爲」相對。「爲」是「行爲」。「有造作」，便是「有爲」。這指的是「世俗間一切的現象」。「有爲」又名「世間法」。

❷諸行：行，是「變動」的意思。時間、空間、生理、心理，都有「變動、遷流」的屬性，而且這種現象分類時太多無法計算，所以稱「諸行」。

〔三〕今　譯

1. 佛陀所說「眞實不虛」的敎法，指出一切現象造作皆無常；一切事物之中都無「我」存在，一切一切脆弱不堅、不能永存留。

2. 再來，一切變動現象都是因緣造作生，它的本質空虛、內空外也空；愚人痴迷堅持一切事物都不假，身處一片幻景之中搞動亂。

〔四〕釋　義

這一組偈語是說明，不管是世間任何現象，也不管是物象的、精神的，都是

「沒有自我主體」、「不能永遠常存」，都是「空幻不實在」的變動體。不過世人卻認「我」是實在的東西，「地球」也不是虛構的，心理現象也煞有其事，甚至「夢中景象」也一定有徵兆的。凡夫的特色，就是「認假作眞」，就好像電影裏演「生死恨」一樣，看得人又恨又愛。

其實人生從佛眼中看都是「幻象」，不過未悟的人，看作實體而已！

【一三七】

空手把鋤頭，步行騎水牛；

牛從橋上過❶，橋流水不流。

〔一〕**原典**

《卍字續藏》120册、唐・樓穎錄《善慧大士語錄》3。

〔二〕**作者**

晉・傅玄。

〔三〕注釋

❶另本作「人從橋上過」。

〔四〕今譯

雙手空空拿著鋤頭，
邁開大步騎著水牛；
無影水牛從橋上過，
只見橋流水卻未流。

〔五〕釋義

這首偈子，是中國最早期的白話詩與最先期的「禪詩」。偈語每句都以相反詞意來襯托事物的「反常性質」。這常常是禪詩的特質。本偈在詞意組合上特別鮮明、突顯，又具有一種反證性。根據僧肇的《物不遷論》思想，這首偈便可算是「正常」的，但在一般的「無常的」佛律上，則爲「反常」。它之不斷爲「禪客」所運用，正由於它的「反常性」「非理性」。

【一三八】

身是菩提樹❶，心如明鏡臺；
時時勤拂拭，勿使惹塵埃❷。

〔一〕原典

丁福保箋註《六祖壇經》行由品第一・神秀偈。

〔二〕注釋

❶**菩提樹**：bodhidruma，意爲「道樹、覺樹」。原名「畢鉢羅樹」（pippala）。菩提樹亦是印度熱帶常綠喬木，因爲釋迦曾在此樹下修道六年，故又稱「道樹」。

❷**塵埃**：象徵衆生心上的「七情六欲」等煩惱、滓渣。

〔三〕今譯

血肉色身就是〈修道〉的菩提樹，靈明眞心就是明鏡台；
只要時時刻刻加以磨拂擦，可使鏡面光潔不見落塵埃！

〔四〕釋　義

這首偈子，是禪宗五祖弘忍弟子神秀，爲了爭取衣鉢承傳，向五祖提出來表明本身〈見道〉的詩偈。但是這首偈語所表的境界還在修禪的〈起步〉，還在「山是山、水是水」的常識上。雖然可作爲修道者的勉勵語，但是他自己見地並沒有任何深入的提示！

【一三九】

菩提❶本無樹，明鏡亦非臺；
本來無一物，何處惹塵埃。

〔一〕原　典

丁福保箋註《六祖壇經》行由品第一・慧能偈。

〔二〕注釋

❶菩提：梵 boddhi，意為「覺、道」。

〔三〕今譯

「菩提」不會成為「有形樹」，
「明鏡」毋需一座「嵌鏡台」；
鏡上本來光淨無一物，
此時那見塵埃飛上來？

〔四〕釋義

這首偈，是當時呈現給五祖的第二首偈子。其實慧能還沒有出家，也不識字，只在柴房裏舂米，邊打雜邊修道；他聽人說五祖傳法挑選傳人，先有大師兄神秀的偈語，他請別人唸給自已聽，一聽之下，他覺得毫無道意，才脫口念出這首偈，請人寫將出來。這首偈語，很明顯地已超出神秀的思維境界，且悟出萬法本體郎「空靈明淨」，原不須要蛇上添足的。這是「見山不是山、見水不是水」，說它已成聖果，倒未必；說它已具「見地」，是恰當的！後人稱之爲「悟道偈」。

【一四〇】

有情來下種，因地❶果還生；
無情既無種，無性亦無生。

〔一〕原典

丁福保箋註《六祖壇經》行由品第一．弘忍偈。

〔二〕注釋

❶因地：修行佛道的最初起點，稱爲「因地」，卽「種因之地」。這是對「成佛果」而言。

〔三〕今譯

對於有情衆生要播下佛法的種子，

既在他們的神識深處種了種子，那麼佛的果便由此而生；
對於那些無情物的木石而言，因爲沒有佛性也無種可種；
因爲無情物沒有佛性，所以也就生不出佛的果來！

〔四〕釋　義

這一偈是五祖弘忍授予慧能衣鉢的教示，告訴慧能要以傳承佛法、廣度有情爲永遠的職志。因爲衆生是在迷中，必須依靠悟道者來度他們、接引他們；把佛的種子播在他們的靈魂深處，這樣一個接續一個，把佛種種下去，留待來日結出佛的美果。六祖當然也不負所望，開出中國歷史千餘年的禪門花果！

【四一】

佛法在世間，不離世間覺；
離世覓菩提，恰如覓兎角❶。

〔一〕原　典

丁福保箋註《六祖壇經》般若品第2・慧能示衆頌。

〔二〕注釋

❶兎角：兎子本沒有角，象徵虛無的事物。

〔三〕今譯

佛法原在世間示現，因此也不能拋下世間「不去救度衆生」；離開這苦難的世間去尋找「覺悟」的途徑，正如在兎子的頭上去找尋兩隻硬角（是何等地虛無）。

〔四〕釋義

這一偈語旨要在說明：佛法是爲衆生而施設；沒有衆生、沒有世間，佛法便沒有存在的意義；所以說：「離世求菩提，恰如覓兎角！」佛法雖然是「出世法」，但是它底基礎精神卻是「入世」的；它底「出世」是顯性的，「入世」卻是隱性的。這二者本爲一體。

【一四三】

生來坐不臥，死去臥不坐；
一具臭骨頭，何為立功課❶？

〔一〕原 典

丁福保箋註《六祖壇經》頓漸品第8·慧能偈。

〔二〕注 釋

❶功課：指佛門修行的課程，例如每天早晚誦經、念佛、參禪等。在此間指坐禪。

〔三〕今 譯

你生前只知打坐不睡覺，死後卻僵直躺下無法打坐了；
你這色身原是一付臭骨頭，何必為它訂一張功課表？

〔四〕釋義

這首偈，是六祖慧能教導弟子，「禪」不是依賴一天幾次「打坐」就能開悟的；六祖的「禪」是無處不在的，也就是說，不要執著必須「坐禪」才是悟道的唯一通路。禪，是心法，不是身法。禪是活法，不是死法，這是學禪人應該了解的原理。

【一四三】

恰恰❶用心時，恰恰無心用；
無心恰恰用，常用恰恰無。

〔一〕原典

《卍字續藏》第111册。明．傳燈《永嘉禪宗集註》下。

〔二〕作者

唐・永嘉智覺禪師

〔三〕注釋

❶恰恰：就是「剛剛」、「纔」，爲疊字副詞。

〔四〕今譯

恰好當你修道「用心」時，此時恰好處於「無心」用；無心用時恰好有「用」意，恒常用時恰好無心可尋覓。

〔五〕釋義

這首偈語，是永嘉大師教導後學如何用功的方法。不管參禪、念佛、打坐都是要「用心」的，如果不用心，便會「妄念紛飛」，也談不到修道了。問題在——正當你用功修時，例如「心」守住「境」，精神內斂，意不傍流，這是「用心」的狀態；這「用心」一旦定型，又落於「有心」在，所以說必須做到雖「用心」而「心無用」，把這「心」也放掉。當「無心」時，但依然在用功中，這樣功到圓滿時，恒常在「用心」中，也彷彿是「無心可用」；這就是眞正的「無迹可尋」了。

【一四四】

身穿空花❶衣，足躡龜毛❷履；
手抱兎角❸弓，擬射無明鬼❹。

〔一〕原　典

陳慧劍著《寒山子研究》204頁〈佛理詩〉115首。

〔二〕注　釋

❶❷❸「空花、龜毛、兎角」：都是象徵虛無的東西。

❹無明：見前注。是說「衆生心的暗昧，無法明白一切事物的原理」。

〔三〕今　譯

身上穿著虛空之花做的彩色衣，腳上穿著龜毛編織一雙履；

手上抱著兎子雙角做成一張弓，準備射那三頭六臂「無明」拖屍鬼。

〔四〕釋　義

這首詩偈，完全是「空對空」，否定對否定；對付「惡魔」，用有形的東西沒有用，而這惡魔，又是衆生無始以來結習而成的「無明」之鬼。這小詩極其鮮靈突兀，「空花、龜毛、兎角」組合成一「空相」，它要制伏的目標，竟是那衆生的「黑洞」，它也是抓不到、看不到的！

【一四五】

吾心似秋月，碧潭清皎潔；

無物堪比倫，教我如何說。

〔一〕原　典

陳慧劍著《寒山子研究》204頁〈佛理詩〉第110首。

〔二〕今　譯

我的「心地」猶如一輪秋月，投影在碧綠的潭水中皎潔無瑕；
世間沒有任何事物可與它比配，這叫我如何地以語言文字描述？

〔三〕釋　義

這首小詩是寒山子精品之一。它透過短短數行來象徵「佛性、法身、道體」。一位「業盡情空」的修道者，他所證悟的就是這樣。這就是「本地風光」，這就是「祖師西來意」。但是寒山子還是透過這一首詩方便地寫下了中國文學史上的佳篇。

【一四六】

一鉢❶千家飯，孤身萬里遊；
青目❷覩人少，問路白雲頭。

〔一〕原　典

《景德傳燈錄》27〈布袋和尚偈〉。

〔二〕注　釋

❶鉢：是梵語「多羅」（pātra）的略稱，是出家比丘的食器，有木、鐵、陶製等多種。

❷青目：卽「青眼」，意思是「對所喜悅的人，正目而視」。引申爲「看得起」。

〔三〕今　譯

帶著一隻鉢乞遍千家施主供來的飯，我一個遊方的和尚走遍千山萬水；
眞正能看我一眼的世間人少而又少，我只有向那天邊的白雲請問歸路。

〔四〕釋　義

這首偈是唐代相傳爲彌勒化身的布袋和尚「身世」的自敍。從《傳燈錄》等史料留下來的紀錄描寫布袋和尚，是到處乞食、遊方無定所的和尚，形迹似瘋癲，但行履已悟道，留下些禪言禪語。又因爲他形不拘世俗，爲人所不識，正如偈語所說。此偈亦經常爲後人引用。

【一四七】

彌勒真彌勒❶，分身千百億；
時時示時人，時人自不識。

〔一〕原典

《景德傳燈錄》27〈布袋和尚示滅偈〉。

〔二〕注釋

❶彌勒：指「彌勒菩薩」。梵語 Maitreya，是姓，意為「慈氏」，名為「阿逸多」（意思是「無能勝」）。是釋迦佛補位的菩薩。詳見《彌勒上升經》等多種經文。

〔三〕今譯

彌勒啊！〔我是〕眞正的彌勒！〔我〕曾在世間分身千百億，
時時向世人示現不同的身份，但世人有眼卻不識我這彌勒！

〔四〕釋義

這首偈語，是布袋和尚入滅時的遺言，到這時他才暗示他就是彌勒菩薩的化身，在世間引度衆生；但是衆生卻「依人不依法」，看到這個衣冠不整的遊方和尚，瘋瘋傻傻唱著「布袋歌」，但誰也不理他，想不到這和尚竟是彌勒的化身。—這就是衆生心的愚昧啊！

【一四八】

〔一〕原典

法法❶本來法，無法無非法；
何於一法中，有法有非法？

《傳法正宗定祖圖》卷一〈迦葉偈〉。

〔二〕注釋

❶法法：「法」指每一事物，包括精神、物質兩界；所謂「法法」，與「人人」、「事

事」同一詞性，意指「每一法」，爲「集合式」的指稱詞。

〔三〕今譯

宇宙間一切法的原貌本都沒有改變，因此也沒有眞正的「法」與虛幻的「非法」；

那爲什麼在一切法之中，又有「法」與「非法」的分別呢？

〔四〕釋義

本偈旨在說明「法爾如此」、「法住法位」的眞理。宇宙間一切事物，從表相上看樣態紛繁，從「法性」上看並無差別，也無「眞假」。所以「法」並沒有「是非」之別。要親見「法法本來法」的原貌，必須透過證悟的經驗，才能覿面相逢。這種經驗，也在「言語道斷、心行處滅」處。

【一四九】

無心❶無可得，說得不名法；

若了心非心，始了心心法❷。

〔一〕原典

《傳法正宗定祖圖》卷一〈彌遮迦偈〉。

〔二〕注釋

❶無心：這個「心」字指衆生心、妄心、意識流；離開了「妄心」，便是「無心」。

❷心心法：在佛理上分宇宙爲兩界，即「心法」與「色法」。上一個「心」字，指心的主體，能思能想的東西。「心法」指「心所法」，是一切精神、心理活動，屬於「心的附屬作用」（包括善、惡各種意念）。

〔三〕今譯

如果你「沒有分別心」便沒有煩惱、沒有罣礙；

如果你的心念上有所得，有罣礙，就不能稱爲「法」的眞諦了；

如果你了解什麼叫「心」、什麼叫「非心」、「無心」，

才了解什麼叫「心的主體」（心）、什麼叫「心的功能範疇」（心所法）了。

〔四〕釋義

本偈旨在說明「心本體」是「沒有象」、「沒有罣礙」的。所謂「無心」，也就是「清淨心」；一旦有了「罣礙」，便是「有得」，有得便落「世間」的圈套了。「心」是有迹象的，「非心」是無迹象的，這兩者在「衆生」稱「心、心所法」，在「聖」便無此分別。

【一五〇】

子不嫌母醜，犬不厭家貧；
擧頭天外看，誰是我般人？

〔一〕原典

《卍字續藏》115册、宋．法應集、元．普會續集《頌古聯珠通集》卷3（孤峰深）。

〔二〕今譯

子女不會嫌母親的容貌醜陋；
狗兒也不會厭棄主人的貧窮：

現在、站在高處向四野眺望，
究竟有誰像我這般不識美醜與貧富的人呢？

〔三〕釋義

這一偈語主旨在暗示「佛性」是沒有差別的，以凡夫眼、衆生心看衆生貧富美醜高低貴賤、千差萬別，衆生心和眼隨著世間一切人和物的不同而有不同的認知與判斷；但是一個悟了道的人不是這樣的。悟道者沒有分別心、沒有人我相、沒有衆生相，是萬類平等的。這是一首孤峰禪師印證自心的禪偈。

【一五一】

十方❶同聚會，個個學無為❷；
此是選佛場，心空及第❸歸。

〔一〕原典

《卍字續藏》115册、宋・法應集、元・普會續集《頌古聯珠通集》卷14。同藏120册《龐居士語錄》卷下。

〔二〕作者

唐・龐蘊。

〔三〕注釋

❶十方：指「上、下、東、西、南、北、東南、西南、東北、西北」等十個方向。

❷無爲：與「有爲」相對，指「無因緣造作」，是「法性、涅槃、眞如」的異名。也指從事「修道、學佛、證果」等等超越世俗的作略。

❸及第：古代科擧制度，凡參加京中進士考試「中式」者稱爲「及第」。意思是「榜上姓名按錄取的等第次序排列」。

〔四〕今譯

四面八方的佛門同參都來這〔叢林〕裏聚會了，每個人都志在佛道、學習親證涅槃的眞理；這裏原是選拔「未來佛」的道場啊！這就要看你能不能「把凡夫心空掉」，帶著「狀元的冠冕」回家了！

〔五〕釋義

這首偈子是唐代居士禪家龐蘊勉勵學佛學禪的人，要加工修道，早證佛果。尤其佛門之內的出家衆，已放下身家，更要「心空及第」，才不負佛恩！

【一五二】

少說一句話，多念一聲佛；
打得念頭死，許汝法身活。

〔一〕原典

《卍字續藏》第110冊、清・觀如輯《蓮修必讀》384頁〈覺林菩薩示弟子〉。

〔二〕今譯

請你平日少說一句話，多念一聲彌陀佛；
如果你能打得「念頭」死，保證你的「法身」見天日！

〔三〕釋義

這首偈語爲佛門四衆經常引用，而且文字簡練、口語強勁，對念佛人有極大的提示與鼓舞作用。念佛的基本理論，就在於以佛號消妄念，如能念到綿綿密密，打成一片，「念頭」死去，天光便會大亮，你的「法身」便會從「念佛三昧」中示現。至於終臨往生西方世界，還是餘事。

【一五三】

梵志❶死去來，魂識❷見閻老；
讀盡百王❸書，未免受捶拷；
一稱南無佛❹，皆以成佛道。

〔一〕原典

陳慧劍著《寒山子研究》228頁〈佛理詩〉第199首。

〔二〕作者

唐・寒山子

〔三〕注釋

❶梵志：梵語 brahmacārin 意思是「志求清淨」。在佛典言，指「婆羅門教」的修行者，或古印度佛教以外的出家人。在本詩中指唐初詩人「王梵志」。此人亦為佛理派詩人，有詩集行世。

❷魂識：就是「神識」，習稱靈魂。

❸百王：指中國古代諸子聖賢。上從堯、舜、禹、湯、文武、周公、孔子，多為帝王，故泛稱「百王」。

❹南無佛：南無梵語 namo。音「那謨」。意思是「歸命、歸依、救我」。南無佛，就是「皈依佛」。

〔四〕今譯

王梵志已經死掉了，他的靈魂已經見閻王；雖然他讀盡古來聖賢書，到陰曹也難免受到牛頭馬面的捶拷；如果他能一心恭念「南無佛」，他便能因此而成無上之佛道。

〔五〕釋義

這首詩是寒山子很多佛理詩之一。千百年來，在中國禪宗叢林成爲「上堂詩」，廣被佛門引用。詩的主旨在勸告人們及早學佛，王梵志雖然有學問，但他逃不了閻王的手掌，如果掉到牛頭馬面手中，難免不遭惡報。所以你能與佛結緣，時稱「佛名」，將來必有完成佛道的一天。

在寒山子的時代（七〇〇—八二〇），淨土宗還沒有廣泛流行，當時是禪天下，他這首詩中「南無佛」，是引自「阿含經」所常用的「皈依佛法僧」的首句，而沒有像唐以後民間習誦的「彌陀佛」。

【一五四】

人問寒山道❶，寒山路不通；
夏天冰未釋，日出霧朦朧。
似我何由屆，與君心不同；
君心若似我，還得到其中。

〔一〕原典

陳慧劍著《寒山子研究》192頁〈佛理詩〉第69首。

〔二〕作者

唐・寒山子

〔三〕注釋

❶寒山道：在表象上指寒山子當時所住的天台山、寒岩通向山下的一條小徑；但是在寓意上，則象徵著「佛道」。

〔四〕今譯

有人問我——寒山路徑如何走；
我告訴他——寒山之道永無門；
——到炎炎夏天，路上的冰雪依然未溶化，
——在清晨日出，煙霧還是朦朦又朧朧；
像我嘛，為何能踏上寒山、常住寒山上？
——因為，「我的心」與「你的心」大不同；

——如果，「你的心」也像「我的心」一樣，

——那麼，你也會踏上寒山、來到此山中。

〔五〕釋義

這首五言半格詩，是寒山子詩中的精華，廣被文學史家、佛門所推崇。「寒山」一方面是眞實的地名、又是「隱喩」。寒山子把他隱居的「寒岩」當作他的埋名後的符號。寒山道，既是通往「寒岩」山間那條小徑，又是寒山子心目中的「佛性、靈山」。

這首詩，通過「你心與我心」的交換，那個客位的凡夫俗子，便能通過這條寒山小徑了。能進入「寒山」的先決條件，必須是他的心裏沒有冰雪、沒有煙霧，因此詩裏的「寒山」就是「靈山」，詩裏的「我心」就是「佛心」。在表象，寒山子用有形的物象把它遮住，看起來寒山眞像喜瑪拉雅山一樣高深難測，實際上，主題表現的，就是在「你心」（凡夫心）與「我心」（清淨心）的交換上。

寒山子如果沒有清淨境界，他的詩作是無法這樣表達的。

【一五五】

高高峰頂上，四顧極無邊；
獨坐無人知，孤月照寒泉。
泉中且無月，月自在青天；
吟此一曲歌，歌終不是禪❶。

〔一〕原典

陳慧劍著《寒山子研究》193頁〈佛理詩〉第72首。

〔二〕作者

唐・寒山子

〔三〕注釋

❶禪：是梵語「禪那」（dhyāna）的簡譯，意思是「靜慮」、「定」。但在中國禪宗

之禪而言，並不限於單純的「禪定」，凡一舉一動、一衣一食，皆爲禪的表現。

〔四〕今譯

我在高山峰頂之上，四野蒼茫夜空無垠；
獨坐深宵寂靜一人，一輪孤月投影寒潭；
潭裏原本沒有眞正的明月，明月依舊高掛在青天；
我振臂吟一曲寒潭之歌，歌聲終不是出世之禪。

〔五〕釋義

這首詩，只表達一種深意，就是「歌，終不是禪」。禪，是不著「色、聲、香、味、觸、法」六塵的。如果「歌也是禪」，那麼世間的歌者也就是禪者了。金剛經有云：「以色相見我，以音聲求我，是人行邪道，不得見如來」。所以「聲」也是「塵」之一。既有塵，就沒有禪。

寒山子用「月」，象徵「法身」、「佛性」，衆生都有佛性、法身，但是，衆生的生活世界，都只是月的投影，而不是月的本身，因此，你用音聲來歌頌明月，來讚美寒潭之水，但終究不是入道的途徑。學道是要精進力行的，要去眞參實悟的。

【一五六】

勸你休去來❶，莫惱他閻老❷；
失脚入三途❸，粉骨遭千擣。
長為地獄人，永隔今生道；
勉你信余言，識取衣中寶❹。

〔一〕原典

陳慧劍著《寒山子研究》226頁〈佛理詩〉第189首。

〔二〕作者

唐．寒山子

〔三〕注釋

❶來：語尾助詞，同「了」。
❷閻老：即閻王。
❸三途：指三惡道：「地獄、畜生、餓鬼」這三種衆生界。
❹衣中寶：比喩「佛性」、「自家本有」。

〔四〕今譯

我勸你不要去了！不要惹那閻王佬！恐怕你搞不好失脚墮到三惡道，就難免粉身碎骨遭到千磨萬拷；從此永作地獄受苦人，再想投得人身就人天永隔了。我勸你千萬相信我的話，要認定自己身上還有一個寶！

〔五〕釋義

這首七言律詩，同樣與寒山子的一些佛理詩一樣，都是透過不同文字題材，勸人學佛的。所謂「佛法難聞，人身難得」。「得人身如爪上土，失人身如大地土。」希望世間人珍惜自身中的「佛寶」，不要再作惡招致惡報、墮落三途了。再墮三途，想要爲人，也就難了。

寒山子苦口婆心，勸世人聽他的話，苦海無邊，回頭是岸。

【一五七】

左角❶看破楚❷，南柯❸聞長滕❹；

鈎簾歸乳燕，穴紙出痴蠅。

為鼠長留飯，憐蛾不點燈；

崎嶇❺真可笑，我是小乘僧❻。

〔一〕原典

臺灣河洛版《蘇東坡全集》後集卷5〈次韻定慧欽長老見寄八首之二〉。

〔二〕作者

宋・蘇軾

〔三〕注釋

❶左角：《莊子・則陽篇》：「則陽遊於楚，華子曰『善言伐齊者，亂人也；善言勿伐者；亦亂人也。』戴晉曰：『有國於蝸之左角，曰〔觸氏〕，有國於蝸之右角，曰〔蠻氏〕，時相爭而戰，伏屍數萬，旬又五日而後反。……』」這個典故，是莊子寓言「人類在蝸牛角上相爭相殺」，可見其愚昧。

❷破楚：指楚漢相爭，楚項羽終於失敗自殺。

❸南柯：唐代小說《李公佐南柯記》，寓言淳于棼醉酒在夢中被「槐安國王」招爲女婿、封爲南柯（槐樹朝南枝幹）太守，一生富貴；但醒後卻身臥一大螞蟻穴邊。南柯在詩中指「夢境」。

❹長滕：「長」音ㄓㄤˇ。《左傳》魯隱公十一年：「滕、薛二侯來朝，爭長，卒長滕侯。」這是兩個異母兄弟爭侯位的故事，結果滕侯因爲周王室正妃所生，乃取得封侯之位。此詩在諷刺人類之不義，不因倫理親情而消弭名利爭奪。

❺崎嶇：指「山路不平」，詩中引申爲「雞毛蒜皮、小裏小氣」。

❻小乘僧：小乘，即「小車」，表示度人很少。小乘僧，指原始佛教上座部，後來發展到南亞錫蘭等地，重自了，對大乘比丘行「菩薩道」而言，稱「小乘僧」。惟在基本佛義上，實並無大小乘之別。

〔四〕今　譯

蝸牛角上靜觀人殺人，南柯夢裏兄弟苦相爭；
三春燕子飛來穿簾入，破窗放出蒼蠅去逃命；
爲愛老鼠每餐留點飯，可憐飛蛾小命不點燈；
雞毛蒜皮看來眞可笑，原來我是南傳自了僧。

〔五〕釋　義

這首詩前二句，用象徵的手法，諷刺人類自相殘殺之愚昧，中間四句分別以對「乳燕、痴蠅、老鼠、燈蛾」的憐憫，在生活每一細節上，發慈悲心，擴展對生命的愛。東坡在最後兩句自嘲說：「我這種小恩小惠看起來還眞可笑，這倒有點像不做菩薩、只求自了的小乘僧」了。

綜括起來，東坡是借現有的生活題材，呼籲人類要戒殺，這是一首自白居易以後有名的「戒殺詩」。

【一五八】

我肉衆生肉，名殊體不殊；
原同一種性，只是別形軀。
苦惱從他受，肥甘為我須；
莫教閻老❶判，自揣看何如？
勸君休殺命，背面復生嗔；
喫他還喫汝，循環作主人。

〔一〕原典

《卍字續藏》第110冊、清・觀如輯《蓮修必讀》336頁〈戒殺偈〉。

〔二〕作者

宋・黃庭堅

〔三〕注釋

❶閆老：就是閻羅王。

〔四〕今譯

我肉畜肉都是肉，名雖不同生命價值卻一般；
我們本是同一靈性，只是身體、形貌有區分；
殺業起時痛苦由牠受，貪圖口腹只爲自已樂；
這樣除非不落閆王手，否則捫心自問能逃否？
勸你回心莫再殺生命，被殺衆生會記仇與恨；
今天你吃他來來日他吃你，這樣輾轉循環吃不已！

〔五〕釋義

這首詩同樣講的是「戒殺」，作者黃庭堅（山谷）同樣是東坡同時信佛的大詩人。本詩不像東坡詩是從客觀事相上觀照，引發自己悲心，發而爲詩。此詩則從「衆生平等」、「物我同體」的教理上，激發人類戒殺的良知，更以因果原理，告誡人們戒殺。「今天人吃羊、明年羊吃人」，因果相報，絲毫不爽！

【一五九】

有禪無淨土，十人九錯路；
陰境若現前，瞥爾隨他去。
無禪有淨土，萬修萬人去；
但得見彌陀，何愁不開悟。
有禪有淨土，猶如戴角虎；
現世為人師，當來作佛祖。
無禪無淨土，鐵床並銅柱；
萬劫與千生，沒個人依怙。

〔一〕原　典

《卍字續藏》第110册、清・觀如輯《蓮修必讀》373頁〈禪淨四料簡〉。〔又見

《淨土聖賢錄》3〕

〔二〕作者

宋・永明延壽禪師

〔三〕今譯

(1)只學參禪不學修淨土，十個人中九個錯了路；
一朝命終陰境忽現前，剎那之間隨業任漂流。

(2)沒有學禪僅只修淨土，一萬人修一萬個人去；
只要能見阿彌陀佛後，又何憂愁不能得開悟？

(3)又學參禪又學修淨土，正像一隻長角的老虎；
今生能作他人的師表，來生可望作佛又作祖。

(4)不去修禪也不修淨土，鐵定地獄受盡千般苦；
從今以後多生與多刼，再沒有人爲你來救度。

〔四〕釋義

這一組偈，爲佛門最著名「宏揚禪淨雙修」的詩句。它提供了修學淨土的人最堅定的支持力量。因爲寫這組偈語的人，是歷史上最負盛名的得道大德、永明延壽大師。其實這組偈的主旨，仍在專宏淨土；因爲淨土可以「帶業往生」，如靠一生學道而成佛，是非常困難的。但這組偈在永明延壽所有的著作裏，沒能找到；在中國歷史上這種情形很多，像白居易的＜戒殺詩＞，在「白氏全集」中也找不到。這可能因爲經過輾轉傳抄而遺漏，結果在他人著作中發現，再間接的流傳至今。

【一六〇】

余年七十一，不復事吟哦；看經費眼力，作福畏奔波。
何必度心眼，一聲阿彌陀❶；行也阿彌陀，坐也阿彌陀；
縱饒❷忙似箭，不廢阿彌陀。日暮而途遠，吾生已蹉跎；
旦夕清淨心，但念阿彌陀；達人應笑我，多却阿彌陀；
達又作麼生❸？不達又如何？普勸法界衆，同念阿彌陀！

〔一〕原　典

《卍字續藏》第110冊《蓮修必讀》〈白居易・念佛偈〉(又作《淨土要言》)。

〔二〕作　者

唐・白居易

〔三〕注　釋

❶阿彌陀：梵語 Amita 的音譯，意思是「無量」。是「西方極樂世界」佛的名號。又加 Yus、bha 字尾，分別為「無量壽」、「無量光」。

❷饒：意同「讓、任憑」。

❸作麼生：為古代湖南一帶土語，意思為「幹甚麼、有什麼用」？

〔四〕今　譯

我今年已七十一歲了，不再去搞吟詩作文的事了；看經吧，眼睛又覺得疲勞，做善事又沒有力氣去東奔西跑。

像這樣我又如何打發歲月呢？那麼每天就靠一句「阿彌陀佛」了；我走也阿彌陀佛，坐也阿彌陀佛，縱然讓我忙得似箭一樣穿來跑去，我也不停地唸著「阿彌陀佛」。

現在日已黃昏，前途茫茫，我過去大半生已蹉跎過去了。我早早晚晚帶著一顆清淨的誠心，只念著「阿彌陀佛」。那些高貴的人們可要恥笑我：「你整天嘴裏就是多一句阿彌陀佛！」你高貴又有什麼用？不高貴又怎麼樣？

我奉勸廣大的三界有情衆生，我們一同來念「阿彌陀佛」吧！

〔五〕釋義

白居易晚年信佛，不僅信佛，而且專修「淨土」，這首二十句偈，是中國千餘年佛門最流行的「淨土詩」、淺白而易記、鮮明而深刻，學佛人看到這首詩偈，該放下一切，來專修淨土呢！生命無常啊！

這首詩偈，流傳歷史久，但在白氏集中亦無紀錄，實令人納悶。但納悶歸納悶，佛門「依法不依人」，我們不能因爲它不見於《白氏全集》，就否認它是一首佛門最好的「助道詩」。

【一六一】

塵勞迥脱事非常，緊抱繩頭作一場；

不是一番寒徹骨，爭得❶梅花撲鼻香。

〔一〕原典

《大正藏》第48冊《宛陵錄》卷末。

〔二〕作者

唐・黃蘗希運

〔三〕注釋

❶爭得：同「怎得」。爭，與「怎」同義。

〔四〕今譯

能夠把生死煩惱突然放下修道是不平常的事，這時候要抓緊了時間的繩索，大死大活一番；
如果不是經過一番透骨的奇寒，又如何能嗅到梅花撲鼻的芬香？

〔五〕釋義

這首偈是近數百年來，儒、釋、道三家引用最多的「哲理詩」。今人編纂「禪詩」、古人編印「語錄」都少不了它。但在黃蘗禪師的語錄遺作中也找不到，並不妨礙這首詩情的光芒萬丈。所謂「不經一番寒徹骨，爭得梅花撲鼻香」？是直指悟道後「天心月圓」境界。

修道必須「扣緊繩頭」、大死大活一番，對這色殼子生活是夠苦了，但是當「寒光破曉、臘梅破蕊」時，天啊！那是如何的生命啊！

【一六二】

誰道羣生性命微，一般骨肉一般皮；
勸君莫打枝頭鳥，子在巢中望母歸。

〔一〕原典

《卍字續藏》第110冊、清・觀如輯《蓮修必讀》336頁〈戒殺詩〉。

〔二〕作者

唐・白居易

〔三〕今譯

誰說那些小動物性命不值錢啊！牠們同人一樣有骨有肉也有皮啊！我勸你不要再打枝頭上的小鳥了，那些小雛鳥兒正在巢中望母歸呢？

〔四〕釋義

這一首「戒殺」絕句，曾收錄於豐子愷《護生畫》第一集。這首詩是「護生」的代表作，也帶動了近代佛門熱烈的「護生」運動。

【一六三】

千百年來碗裏羹，冤深如海恨難平；
欲知世上刀兵劫，但聽屠門半夜聲。

〔一〕原　典

《卍字續藏》第110册、清・觀如輯《蓮修必讀》336頁〈戒殺詩〉。

〔二〕作　者

愿雲禪師（出生時地不詳）

〔三〕今　譯

千百年來家家戶戶碗裏煮好的魚肉，正代表著如海一般難以平復的深仇大恨；

我們要知道世間戰爭、殺戮的來源，只要聽一聽屠家半夜的動物慘叫聲就知道了。

〔四〕釋　義

這首詩，也收於豐子愷《護生畫集》，爲數百年來家喻戶曉的「戒殺詩」，它深刻地表現了「殺生」所帶來的因果循環、深仇大恨、輾轉相報的警惕。在舊式社會除了以屠宰爲業的家庭，在拂曉之前，要把豬羊殺好待售，現在用「電宰」，使那些無言的生命連「哭泣聲」都消失了，寫到這裏，不禁爲那無數的弱者生命而痛苦！

【一六四】

心迷念念法華❶轉，心悟時時轉法華；
誰知百萬靈山❷客，盡是天台❸眼裏沙。

〔一〕原典

《卍字續藏》115册、宋・法應集、元・普會續集《頌古聯珠通集》卷四（此山應）。

〔二〕注釋

❶法華：同「法花」，意思是「佛法之花」。此指《妙法蓮華經》。
❷靈山：爲「靈鷲山」的簡稱，地在釋迦住世時王舍城東北角一座山，釋迦設僧團於此。梵語 Grdhrakūta 義爲「鷲峰」，是靈鷲山的別名。
❸天台：指唐代在中國發展出的天台宗。在詩中指「天台宗智者大師」。

〔三〕今 譯

〔衆生心〕迷時誦《法華》念念都是文字相，
〔衆生心〕悟時誦《法華》時時都是般若花；
又誰知百萬奔向靈山路上客，
全是天台大師眼裏迷路人！

〔四〕釋 義

本詩旨在說明讀經的人多，悟經意的人少；讀經隨經文轉是「未能捨法」；這是迷中行人；讀經不黏經文，能深會文字般若，不爲文字所轉，「法亦已捨」，不著法相，這是悟中行人。金剛經云：「法尚應捨，何況非法」？這覺就是此詩旨意之所指。天台大師慨歎的是，修行路上人潮洶湧，眞正悟道者，又有幾人？

【一六五】

過眼榮枯電與風，久長那得似花紅；
上人❶宴坐觀空閣❷，觀色觀空色卽空❸。

〔一〕原典

臺灣河洛版《蘇東坡全集》前集卷3〈吉祥寺僧求閣名〉。

〔二〕注釋

❶上人：是「上德之人」的簡稱。

❷觀空閣：是東坡居士爲吉祥寺一比丘修道處所命的名稱。

❸色、空：色，是一切物象；空，是物象背後「無物」可見的領域。也可說是「本體」的現象。

〔三〕今譯

功名得失會像電與風一般消逝，還不如春天的花幾番風雨幾番紅！

上人在「觀空閣」裏觀心靜坐，靜觀色空不二、空卽是色、色卽是空！

〔四〕釋義

這首詩是東坡爲一位吉祥寺僧請求爲他的精舍題名而寫，本是應酬之作。但東坡的詩是宋詩中的精品，尤其在表達人生無常上特別鮮明，因爲人生榮枯無定，所以連帶反映在這精舍的名稱——「觀空閣」上。世間法本是因緣生，沒有定法。閣是色、緣是空；在法性本來面目上，色就是空，空也不異色；這是出家人要參悟的本份。東坡這首詩，整個突顯了「人與事、色與空」的不二性；東坡詩寫佛理的極多，且都是膾炙人口之作。

【一六六】

橫看成嶺側成峰，遠近高低無一同；

不識廬山❶真面目，只緣身在此山中。

〔一〕原典

臺灣河洛版《蘇東坡全集》前集卷13〈題西林壁〉。

〔二〕注釋

❶廬山：即江西星子縣之廬山，是中國避暑勝地之一，亦為中國自晉代慧遠大師以來的佛門勝地。

〔三〕今譯

廬山啊！從橫看是一片嶺、側看是一羣峰，
這一羣峰巒在眼前沒有一座山相同；
為何無法認清廬山的眞正面目呢？
只因為我身在山中，跳不出廬山的蒼穹！

〔四〕釋義

〔四〕這首詩是東坡經典之作，不僅在佛家被引用爲「禪」詩，在儒、道兩家都被大量的引用，幾乎成爲知識份子文字語言中的「口頭禪」。本詩寫廬山的朦朧美，實在是古今絕唱。尤其後二句，象徵著「迷與悟」的界限，勘破了「我與無我」的差異；東坡把人生的意境與廬山溶而爲一，廬山道情化、哲學化，是這一首詩的背後深觀！

【一六七】

〔一〕原典

溪聲便是廣長舌❶，山色無非清淨身❷；
夜來四萬八千偈❸，他日如何擧似❹人。

臺灣河洛版《蘇東坡全集》前集卷13〈贈東林長老〉。

〔二〕注釋

❶**廣長舌**：爲佛三十二種瑞相之一。佛的舌頭大而長、柔軟而薄，伸出能上覆至髮間。

又象徵佛以廣長舌說法，能遍及三千大千世界，眞實無虛。

❷**清淨身**：就是「法身」、「煩惱已斷、生死已了、業報已盡」的清淨之身。

❸**偈**：梵語 gāthā，音譯作「偈陀」，簡譯為「偈」，意思是「頌」，佛經傳到中國後，便採梵漢結合譯法，稱爲「偈頌」。

❹**似**：另本作「示」。全句作「他日如何舉示人」。

〔三〕今　譯

溪水聲便是佛的法音，
青山景皆是清淨法身；
夜之音化作萬千偈語，
如許密意，待如何告與衆生知？

〔四〕釋　義

這首詩，每一句都包含著「佛心禪意」，是「言語道斷、心行處滅」的密音。所謂「情與無情，同圓種智」，在這首詩中得到最高層次的表現；也是「文字般若」極度的發揮。

此詩是東坡許多首「與方外友相互贈詩」中的一首，廬山東林寺常總長老，是當時的高僧，東坡以這首詩贈與常總，一來是表示對常總長老的推重，同時也顯示總長老是此中的知音。

從這首詩流傳起，自宋以後就有許多人把東坡當作「深悟佛理」的再來人。他的許多佛理詩也被引入佛家的典籍。東坡對佛理有相當程度的深入，應毋置疑，如果說他位同歷史上許多有大成就的高僧，那倒未必。這是東坡文字的高妙，而不一定是行履上的證悟。

【一六八】

廬山煙雨浙江潮❶，不到千般恨未消；
到得還來無別事，廬山煙雨浙江潮。

〔一〕原典

《東坡禪喜集》〈東坡禪偈傳〉黎明獻總長老偈之三。

〔二〕注釋

❶浙江潮：就是杭州奇景——錢塘江大潮。錢塘江，原名「浙江」。

〔三〕今譯

廬山的煙雨和浙江的大潮，
不到瀰漫至極處就不會退消；
等到廬山的煙雨已散、錢塘江的潮水已逝，正如往日一樣平靜，
廬山煙雨還是廬山煙雨，浙江的浪潮還是浙江的浪潮。

〔四〕釋義

這首「觀潮詩」極爲曲折有味，首尾兩句文字雖同，但文意完全不同。東坡寫詩的意旨不一定注心於「禪」，但卻爲禪家所用。從整體上分析，這首詩竟然寫的是「法爾如此，法住法位」的物象後的面目，現象變來變去，還是回到原位，何況詩的情境，又是如此玄秘入勝？

【一六九】

過去事已過去了，未來不必預思量；
只今便道卽今句，梅子熟時梔子香❶。

〔一〕原典

臺灣常春籐書坊《高僧山居詩》127頁〈宋・石屋禪師山居詩〉。

〔二〕注釋

❶梔子香：梔子，是一種植物，常綠喬木，開小白花、帶黃暈、有香味，可供藥用。

〔三〕今譯

過去的事已經過去了，未來的事也不必爲它煩心吧；在今天只談今天的事，當梅子成熟時，也是梔子花香的時候了。

〔四〕釋義

這首詩看來平平淡淡，其背後實在含蘊著高深的至理。詩的前三句表的「過去不罣，未來不黏，現在〔當下〕即是」，「即是」什麼呢？——是〔梅子熟、梔子香〕的時候；「梅子熟與梔子香」與「人」與「道」又有什麼關係？是暗示「無礙無罣」「無著無黏」「無塵無勞」。人自人，花自花，眞是「萬物同春」，「同圓聖道」的景象。弘一大師在臨終時遺偈有「華枝春滿，天心月圓」，與此偈末句有異曲同工之美。

【一七〇】

盡日尋春不見春，芒鞋❶踏破隴頭❷雲；
歸來笑撚❸梅花嗅，春在枝頭已十分。

〔一〕原典

羅大經《鶴林玉露》卷6、16頁。

〔二〕作者

宋・尼僧（眞名不詳）

〔三〕注　釋

❶芒鞋：卽草編的僧鞋。

❷隴頭：隴音ㄌㄨㄥˇ，「隴頭」，意卽「山頭」。

❸撚　音ㄋㄧㄢˇ。意思是「用手捏著」。俗作「捻」。

〔四〕今　譯

在春天裏整天去尋春，卻看不到春天在那裏出現，
穿著一雙芒鞋，踏遍了山間水涯，也看不到春天；
當我與盡歸來，發現梅花開了，開心地嗅著它撲鼻的香；
啊！春天的訊息已經充滿枝頭了！

〔五〕釋　義

這首詩廣泛地受到千餘年來知識界所引用，尤其把它當作「禪詩」經典之作。不僅詩意美，也充滿不著痕迹的禪意。禪本來就是沒有痕迹的；這位歷史上無名尼僧，卻留下了千秋萬歲不朽的禪詩；也由此詩可以概見，

她的境界，也像她的詩一樣，「春在枝頭已十分」。

【一七一】

山居覆屋只苫❶茅，冷淡清虛絕世交；
一片白雲橫谷口，幾多歸鳥盡迷巢。

〔一〕原典

《卍字續藏》108册、明・宗本《歸元直指》下、〈附山居百詠〉之95。

〔二〕注釋

❶苫：音ㄕㄢ，動詞，編織。

〔三〕今譯

幽居在山中住的是一間小茅屋，
寂寞孤淒、淡泊清靜與世隔絕；

一片片白雲橫擁在入山的谷口，
有很多鳥兒已失去歸路迷了方向。

〔四〕釋義

這一首是「高僧山居詩」，純寫遺世清修的情境；前三句全是山居的景色，淡淡幾行，雲氣氤氳，本也沒有什麼奇景，直到第四句才點出「主題」所在。

世間有許多人修行佛道，可是煩惱依然是煩惱、貪欲還是貪欲，在回歸佛法的谷口，被這一片白雲，把那些回巢的鳥羣，阻塞了歸路。

那迷途的衆生，正如同回巢的歸鳥一樣，有路卻歸不得。這首絕句，正因為寫的是修道途中衆生相，才成爲千古絕唱！

【一七二】

講道容易體道難，雜念不除總是閑；
世事塵勞常罣礙，深山靜坐也徒然！

〔一〕原典

出處未明，不見《憨山大師全集》，題爲〈費閑歌〉。

〔二〕作者

明・憨山大師（待考）

〔三〕今譯

講經說法倒容易，但是體驗佛道卻很難啊！
你滿心妄念如果不除，你的修道又有何用呢？
因爲你還是身陷俗事，放不下世間塵勞，
所以你躲入深山去坐禪，坐破蒲團也是枉然！

〔四〕釋義

這首詩的說理很淺明，它指出世人如果不放下身邊一切名利衣食，要想學道、修道是很困難的。

講經說法很容易，但證道可不是靠嘴巴說的。此詩之可貴處，在了無匠氣，說服力強，因此能得到廣泛的流傳。

【一七三】

琉璃世界一塵無，水闊天空入太湖；
五十三橋❶停槳望，月華濃處是姑蘇❷。

〔一〕原典

清·朱駿聲輯《歷代白話詩選》卷3〈太湖小泊〉。

〔二〕作者

清·悟霈

〔三〕注釋

❶五十三橋：江南地區，一片水鄉澤國，尤其太湖四週一帶，因湖邊支流多，橋也多，

由吳江到蘇州一路橋很多，本詩所記「五十三橋」，是橋的名次，爲「地名」。

❷姑蘇：即蘇州古名，今爲蘇州市，週邊爲「吳縣」。

〔四〕今譯

啊！像琉璃般的世界一塵不染，
我坐著船進入水闊天空的太湖；
船行到「五十三橋」停下槳來望一望，
那月光璀璨深濃處，正是姑蘇城啊！

〔五〕釋義

這首詩，是近代最美的佛理詩。但是都透過描寫太湖夜景，達到直逼「本地風光」的目的。這位詩人，是出家的比丘，也是中國文學史上以唯一絕句，成爲一代名家。因爲他是佛學者，在思想上就具有與衆不同的深觀，在「月華濃處」，那隱隱約約的姑蘇，彷彿夢境一般地浮現了。

【一七四】

湛湛青天❶不可欺，未曾動念已先知；
勸君莫做虧心事，古往今來放過誰❷？

〔一〕原典

出處不明

〔二〕作者

暫闕待考

〔三〕注釋

❶青天：指「天道」、指「良知」。中國民族向以「頭上青天」代表著最高的道德觀。
❷最後兩句是人人耳熟能詳的流行口頭禪，但大多不知道這首詩的原文，只是斷章取義，僅記得勸君莫做虧心事，外加半夜敲門心不驚。今查出「全詩」爲之拈出。

〔四〕今譯

清清朗朗的青天在上，你不可以欺瞞它啊！一個人將要動歪念頭時，它已經知道你要打什麼鬼主意了！我勸你千萬不可做虧心事啊，從古至今，那「青天神明」曾放過那一個造罪作惡的人呢！

〔五〕釋　義

這一首詩，如果說它是「佛理」的，不如說是「中國民間俗詩」更恰當。也許，這首詩的理念依然是經過了佛法的潤漬；因爲它底「勸善去惡」思想，還是經由佛學「因果律」來完成的。所謂「青天」，中國人固然可以解釋它爲「神明、天道」，但是你看到最後一句「古往今來放過誰」？就知這短短數行，不過是代表「因果森嚴」的通俗化而已。「青天」就是「因果」的神格化。犯了惡業，那有逃得掉「因果」裁判的？

【一七五】

行藏❶虛實自家知，禍福因由更問誰？
善惡到頭終有報，只爭來早與來遲。

〔一〕原典

出處不明

〔二〕作者

暫闕待考

〔三〕注釋

❶行藏：就是「行爲舉止」、「動靜語默」。

〔四〕今譯

一個人行爲舉止〔眞眞假假〕的動機，只有自家才知道，因此，你所作所爲、是禍是福，還要問誰呢？

要知道爲善爲惡，到最後〔瓜熟蒂落〕一定有報應的，但只是有的果結得早，有的報來得遲而已！

〔五〕釋義

這首詩是「清清楚楚」以「因果報應」爲主題寫的「勸善詩」，尤其後兩句更爲一般人所熟知；但是有多少人能做到？所謂「行藏虛實」，包括表象的行爲和內心的動機，你是不是能眞正連念頭也「有善無惡」呢？如果眞的能，那眞是可稱之爲「聖者」了。

【一七六】

無端過去生中事，兜上朦朧業眼❶來；
燈下髑髏❷誰一劍？尊前❸屍塚夢三槐❹；
金裘❺噴血和天鬭，雲竹❻閒歌匝地哀；
徐甲❼儻容心懺悔，願身成骨骨成灰。

〔一〕原典

臺北學海書局《譚瀏陽全集》183頁〈感懷〉4之1。

〔二〕作者

清・譚嗣同

〔三〕注釋

❶業眼：意思是「帶業力的眼睛」。
❷髑髏：指「枯骨」。
❸尊前：即「酒杯」之前。
❹三槐：周宮廷前植三棵槐樹，廷臣每朝列於槐樹前，故名。引申為「公侯」或「高官」。
❺金裘：即「金色毛」，指「孫悟空」。
❻雲竹：指「被雲霧之氣覆蓋的竹林」。
❼徐甲：疑為「除甲」之誤，就是「除了盔甲」。

〔四〕今譯

沒有蹤跡的過去生中種種的事，突然都浮現到我這朦朧的為業報所遮蔽的眼簾中來了；

恍惚間，燈下那一副枯骨，是誰的劍下游魂啊？酒杯裏浮現纍纍荒塚下，還是不是富貴夢中人呢？

憶起孫悟空也曾圓睜著噴血的火眼和天兵纏鬥，只打得戰雲瀰漫林邊水涯，到處都聽到無數生靈的哀嚎！假若能讓我除下罪業的甲胄來洗心懺悔，但願我捨身化爲白骨、白骨化爲灰塵！

〔五〕釋義

這首詩，是徹底的生命哀歌，是作者對多生纍劫的惡業所作的痛切的懺悔。主題雖然朦朧，但顯然地它以「暗示、象徵」的間接手法來說明功名利祿都是罪業的來源；衆生所爭的原來竟是如此卑微，如此不値！作者把「世間相」看透了，用隱隱約約、似眞非眞、似夢非夢的高超詩意，來表示自己也參與了世間這場鬭爭，因此才痛責自己如果能除下這身汚甲，寧願化作灰飛煙滅，也不要再去造罪了。這是作者透過佛理，對生命的大徹大悟。

【一七七】

柳花❶夙有何冤業，萍末相遭乃爾奇；

直到化泥方是聚，祇今墮水尚成離；
馬能忍此而終古，亦與之為無町畦❷；
我佛天親❸魔眷屬，一時撒手劫僧祇❹。

〔一〕原典

見前書。

〔二〕作者

清・譚嗣同

〔三〕注釋

❶**柳花**：指「柳絮」。

❷**町畦**：《莊子・人間世》有「彼且爲無町畦，亦與之爲無町畦。」町畦，田間的界線。無町畦，即「無界域」，意指永爲對方守節。

❸**天親**：梵語 Vasubandhu，意爲「天親」，又作「世親」，爲「俱舍論」作者，其

兄無著，著《瑜伽師地論》，均爲佛教思想家。天親「意爲天帝之親」，亦可引申釋爲「天人」。

❹**劫僧祇**：是「阿僧祇劫」倒用。就是梵語 asamkhya，意思是「無央數」。阿僧祇劫，是「無數劫」。

〔四〕今 譯

〔兩朶〕柳絮過去世有什麼冤業宿債，竟然在萍水間如此出奇地相遇？這兩個靈魂，恐怕直到化身爲泥土才算相聚吧！唯只今雖然落在水面漂浮還不能團圓，他們怎樣能忍下這種分離直到終古呢？她既然爲我而孤獨，我也報他以生死相許了。如今不管是佛菩薩加被、還是天界、魔界衆生的協助，我們都永遠地無緣再相遇了。

〔五〕釋 義

這首律詩與上一首同樣，主題十分隱晦玄秘，但可從詩句的深層發見，譚嗣同用「柳花」代表兩個不同性別的人，在世間相遇，但卻無法終身廝守，所以有「祇今墮水尙成離」之句。這種有情人之永別何其痛苦難忍啊！這也許是譚子自身私隱的暗示，但不管如何他用佛理寫出了有情衆生、爲情而生而死，都是前生冤業相酬。可是「佛法難逢，人身難得」的感嘆，也在最後兩句，深刻地提示了出來。所謂「失人身，如大地土」，這是此詩的感歎。

【一七八】

死生流轉不相值，天地翻時忽一逢；
且喜無情成解脫，欲追前事已冥濛❶；
桐花院落烏頭白❷，芳草汀洲❸雁淚紅；
再世金鐶❹彈指過，結空爲色又俄空。

〔一〕原　典

同前書

〔二〕作　者

清・譚嗣同

〔三〕注釋

❶冥濛：意思是「昏暗不清」。引申為「無從記憶」。

❷烏頭白：白居易〈答元郎中〉詩有句：「我歸應待烏頭白」。比喻事情不易改變。因為烏鴉的頭變白，是不可能的事。〔案：中國南方及歐美仍有白頭烏鴉。〕

❸汀洲：河中之沙洲。

❹金鐶：《晉書．羊祜傳》：「祜五歲，使乳母取所弄『金鐶』（卽金手鐲），乳母曰：『汝先無此鐶。』祜卽指鄰人李氏東垣桑樹中探得之。主人驚曰：『此吾亡兒所失物也！』時人異之，謂李氏子則祜之前身也。」詩中「金鐶」象徵「主要人物，對生命流轉的感慨」。

〔四〕今譯

〔我與她〕在生死輪迴中本來不會相遇的，誰知道經過天翻地覆的劫數之後又相逢了；在此刻我喜的是已悟佛理，對「情」一字已經勘破，要想追憶多生前的因緣已無從摸索了。卽使是植滿梧桐樹的幽院裏的烏鴉頭白了，河裏的沙洲上失侶的孤雁的眼淚流出血來，我們這一生也將像那「金環」主人的前生一樣，彈指而過，空空地來到人間爲人，又匆匆地留下一片雲塵罷了……

〔五〕

釋　義

《譚嗣同集》中的〈感懷詩〉四首只剩三首，這三首詩隱秘的主題，似乎都指一件事，那就是「爲情而懺悔」。他透過對佛理的覺悟，世間的男女情愛，不管是如何痴迷，如何生死相許，到頭來依然是「結空爲色又俄空」。世間情本是「前生恩怨相報」，到人間變成了「生死冤家」。只怪世人情太多，解脫不了，還發了許多「在天願作比翼鳥，在地願爲連理枝」的情願，如果不經過佛法的勘破，又那能放得了呢？

梁任公評譚復生這三首是「悟道」之作，雖然有點過譽，但譚嗣同經過佛法的薰習，大開大闔爲理想而生而死，實在是人間一大豪傑！

滄海叢刊書目㈠

國學類

中國學術思想史論叢㈠～㈧	錢　穆　著
現代中國學術論衡	錢　穆　著
兩漢經學今古文平議	錢　穆　著
宋代理學三書隨劄	錢　穆　著

哲學類

國父道德言論類輯	陳立夫　著
文化哲學講錄㈠～㈤	鄔昆如　著
哲學與思想	王曉波　著
內心悅樂之源泉	吳經熊　著
知識、理性與生命	孫寶琛　著
語言哲學	劉福增　著
哲學演講錄	吳怡　著
後設倫理學之基本問題	黃慧英　著
日本近代哲學思想史	江日新　譯
比較哲學與文化㈠㈡	吳森　著
從西方哲學到禪佛教——哲學與宗教一集	傅偉勳　著
批判的繼承與創造的發展——哲學與宗教二集	傅偉勳　著
「文化中國」與中國文化——哲學與宗教三集	傅偉勳　著
從創造的詮釋學到大乘佛學——哲學與宗教四集	傅偉勳　著
中國哲學與懷德海	東海大學哲學研究所主編
人生十論	錢　穆　著
湖上閒思錄	錢　穆　著
晚學盲言(上)(下)	錢　穆　著
愛的哲學	蘇昌美　著
是與非	張身華　譯
邁向未來的哲學思考	項退結　著
逍遙的莊子	吳怡　著
莊子新注（內篇）	陳冠學　著
莊子的生命哲學	葉海煙　著
墨子的哲學方法	鐘友聯　著

韓非子析論	謝雲飛 著
韓非子的哲學	王邦雄 著
法家哲學	姚蒸民 著
中國法家哲學	王讚源 著
二程學管見	張永儁 著
王陽明——中國十六世紀的唯心主義哲學家	張君勱原著、江日新中譯
王船山人性史哲學之研究	林安梧 著
西洋百位哲學家	鄔昆如 著
西洋哲學十二講	鄔昆如 著
希臘哲學趣談	鄔昆如 著
中世哲學趣談	鄔昆如 著
近代哲學趣談	鄔昆如 著
現代哲學趣談	鄔昆如 著
現代哲學述評㈠	傅佩榮 編譯
中國十九世紀思想史(上)(下)	韋政通 著
存有・意識與實踐——熊十力《新唯識論》之詮釋與重建	林安梧 著
先秦諸子論叢	康端正 著
先秦諸子論叢(續編)	康端正 著
周易與儒道墨	張立文 著
孔學漫談	余家菊 著
中國近代哲學思想的展開	張立文 著

宗教類

天人之際	李杏邨 著
佛學研究	周中一 著
佛學思想新論	楊惠南 著
現代佛學原理	鄭金德 著
絕對與圓融——佛教思想論集	霍韜晦 著
佛學研究指南	關世謙 譯
當代學人談佛教	楊惠南 編著
從傳統到現代——佛教倫理與現代社會	傅偉勳 主編
簡明佛學概論	于凌波 著
修多羅頌歌	陳慧劍 著
禪話	周中一 著

自然科學類

異時空裡的知識追求 ——科學史與科學哲學論文集	傅大為 著

社會科學類

中國古代游藝史 ——樂舞百戲與社會生活之研究	李建民 著
憲法論叢	鄭彥棻 著
憲法論衡	荊知仁 著
國家論	薩孟武 譯
中國歷代政治得失	錢穆 著
先秦政治思想史	梁啓超原著、賈馥茗標點
當代中國與民主	周陽山 著
釣魚政治學	鄭赤琰 著
政治與文化	吳俊才 著
中國現代軍事史	劉馥著、梅寅生 譯
世界局勢與中國文化	錢穆 著
海峽兩岸社會之比較	蔡文輝 著
印度文化十八篇	糜文開 著
美國的公民教育	陳光輝 譯
美國社會與美國華僑	蔡文輝 著
文化與教育	錢穆 著
開放社會的教育	葉學志 著
經營力的時代	青野豐作著、白龍芽 譯
大衆傳播的挑戰	石永貴 著
傳播研究補白	彭家發 著
「時代」的經驗	汪琪、彭家發 著
書法心理學	高尚仁 著
清代科舉	劉兆璸 著
排外與中國政治	廖光生 著
中國文化路向問題的新檢討	勞思光 著
立足臺灣，關懷大陸	韋政通 著
開放的多元化社會	楊國樞 著
臺灣人口與社會發展	李文朗 著
日本社會的結構	福武直原著、王世雄 譯

財經文存	王作榮 著
財經時論	楊道淮 著

史地類

古史地理論叢	錢　穆 著
歷史與文化論叢	錢　穆 著
中國史學發微	錢　穆 著
中國歷史研究法	錢　穆 著
中國歷史精神	錢　穆 著
憂患與史學	杜維運 著
與西方史家論中國史學	杜維運 著
清代史學與史家	杜維運 著
中西古代史學比較	杜維運 著
歷史與人物	吳相湘 著
共產國際與中國革命	郭恒鈺 著
抗日戰史論集	劉鳳翰 著
盧溝橋事變	李雲漢 著
歷史講演集	張玉法 著
老臺灣	陳冠學 著
臺灣史與臺灣人	王曉波 著
變調的馬賽曲	蔡百銓 譯
黃　帝	錢　穆 著
孔子傳	錢　穆 著
宋儒風範	董金裕 著
增訂弘一大師年譜	林子青 著
精忠岳飛傳	李　安 著
唐玄奘三藏傳史彙編	釋光中 編
一顆永不殞落的巨星	釋光中 著
新亞遺鐸	錢　穆 著
困勉強狷八十年	陶百川 著
我的創造・倡建與服務	陳立夫 著
我生之旅	方　治 著

語文類

文學與音律	謝雲飛 著
中國文字學	潘重規 著

中國聲韻學	潘重規、陳紹棠 著
詩經研讀指導	裴普賢 著
莊子及其文學	黃錦鋐 著
離騷九歌九章淺釋	繆天華 著
陶淵明評論	李辰冬 著
鍾嶸詩歌美學	羅立乾 著
杜甫作品繫年	李辰冬 著
唐宋詩詞選——詩選之部	巴壺天 編
唐宋詩詞選——詞選之部	巴壺天 編
清眞詞研究	王支洪 著
苕華詞與人間詞話述評	王宗樂 著
元曲六大家	應裕康、王忠林 著
四說論叢	羅盤 著
紅樓夢的文學價值	羅德湛 著
紅樓夢與中華文化	周汝昌 著
紅樓夢研究	王關仕 著
中國文學論叢	錢穆 著
牛李黨爭與唐代文學	傅錫壬 著
迦陵談詩二集	葉嘉瑩 著
西洋兒童文學史	葉詠琍 著
一九八四	Georgf Orwell原著、劉紹銘 譯
文學原理	趙滋蕃 著
文學新論	李辰冬 著
分析文學	陳啓佑 著
解讀現代、後現代——文化空間與生活空間的思索	葉維廉 著
中西文學關係研究	王潤華 著
魯迅小說新論	王潤華 著
比較文學的墾拓在臺灣	古添洪、陳慧樺主編
從比較神話到文學	古添洪、陳慧樺主編
神話卽文學	陳炳良等譯
現代文學評論	亞菁 著
現代散文新風貌	楊昌年 著
現代散文欣賞	鄭明娳 著
實用文纂	姜超嶽 著
增訂江皋集	吳俊升 著

孟武自選文集	薩孟武 著
藍天白雲集	梁容若 著
野草詞	韋瀚章 著
野草詞總集	韋瀚章 著
李韶歌詞集	李韶 著
石頭的研究	戴天 著
留不住的航渡	葉維廉 著
三十年詩	葉維廉 著
寫作是藝術	張秀亞 著
讀書與生活	琦君 著
文開隨筆	糜文開 著
印度文學歷代名著選(上)(下)	糜文開編 著
城市筆記	也斯 著
歐羅巴的蘆笛	葉維廉 著
移向成熟的年齡——1987～1992詩	葉維廉 著
一個中國的海	葉維廉 著
尋索：藝術與人生	葉維廉 著
山外有山	李英豪 著
知識之劍	陳鼎環 著
還鄉夢的幻滅	賴景瑚 著
葫蘆・再見	鄭明娳 著
大地之歌	大地詩社 編
往日旋律	幼柏 著
鼓瑟集	幼柏 著
耕心散文集	耕心 著
女兵自傳	謝冰瑩 著
抗戰日記	謝冰瑩 著
給青年朋友的信(上)(下)	謝冰瑩 著
冰瑩書柬	謝冰瑩 著
我在日本	謝冰瑩 著
大漢心聲	張起鈞 著
人生小語(一)～(四)	何秀煌 著
記憶裏有一個小窗	何秀煌 著
回首叫雲飛起	羊令野 著
康莊有待	向陽 著
湍流偶拾	繆天華 著

文學之旅　蕭傳文　著
文學邊緣　周玉山　著
文學徘徊　周玉山　著
種子落地　葉海煙　著
向未來交卷　葉海煙　著
不拿耳朶當眼睛　王讚源　著
古厝懷思　張文貫　著
材與不材之間　王邦雄　著

美術類

音樂人生　黃友棣　著
樂圃長春　黃友棣　著
樂苑春回　黃友棣　著
樂風泱泱　黃友棣　著
樂境花開　黃友棣　著
音樂伴我遊　趙琴　著
談音論樂　林聲翕　著
戲劇編寫法　方寸　著
戲劇藝術之發展及其原理　趙如琳譯著
與當代藝術家的對話　葉維廉　著
藝術的興味　吳道文　著
根源之美　莊申　著
扇子與中國文化　莊申　著
水彩技巧與創作　劉其偉　著
繪畫隨筆　陳景容　著
素描的技法　陳景容　著
建築鋼屋架結構設計　王萬雄　著
建築基本畫　陳榮美、楊麗黛　著
中國的建築藝術　張紹載　著
室內環境設計　李琬琬　著
雕塑技法　何恆雄　著
生命的倒影　侯淑姿　著
文物之美——與專業攝影技術　林傑人　著